Frau

Adelheid Kümmle

mit herzlichen Segenswünschen

zugeeignet

Rilard van de Sandt

Bremen 20. Juli 2017

In Brenden im Südschwarzwald steht ›Ricardas Brünnle‹, nach unserer Tochter benannt, nur wenige Meter unterhalb der ›van-de-Sandt-Quelle‹ (846,2 m) nebst Findling als Bildstock (Rückseite) und Wegweiser (Vorderseite) zugleich direkt am Straßenrand auf dem Weg nach Häusern/St. Blasien oder Höchenschwand/Waldshut-Tiengen kurz vor dem Kraftwerk Schwarzabruck im Schwarzatal. Der Brunnen versteht sich als ein Ort der Verbindung von Wasser und Licht, von Erde und Himmel.

Einheimische und auch Muslime aus der näheren Umgebung schätzen das frische, klare Quellwasser. Ein Ort der Begegnung!

Bank und Anordnung sind das Werk von Helmut Ebner aus Brenden, ausgeführt im Jahr 2007, dem ich zu tiefem Dank verpflichtet bin.

Leider mußte der markante Holzbrunnen mit seinen dicken, knorrigen Astansätzen (siehe Foto) im Jahr 2016 durch einen schlichten Brunnen aus Granit ersetzt werden. Dies deshalb, weil der Holzbrunnen seit 2014 zwei Arten von Waldameisen als Nahrungsquelle diente, die immer noch ihre Behausung in zwei morschen Baumstümpfen in unmittelbarer Nähe haben.

Richard van de Sandt
Vom Alter und Danach

Richard van de Sandt

Vom Alter und Danach

Reflexionen über das Ende des Lebens

Haag + Herchen

Das vorliegende Buch ist die 2., überarbeitete und erweiterte Auflage des im Jahr 2013 erschienenen Titels ›Am Ende des Feldweges eine Reise ins Licht. Eine Vision der Moderne‹ (ISBN 978-3-89846-707-0).

Bibliografische Information der Deutschen Nationalbibliothek
Die Deutsche Nationalbibliothek verzeichnet diese Publikation in der Deutschen Nationalbibliografie; detaillierte bibliografische Angaben sind im Internet über http://dnb.d-nb.de abrufbar.

ISBN 978-3-89846-786-5
© 2017 by Verlag HAAG + HERCHEN GmbH,
Schwarzwaldstraße 23, 63454 Hanau
Alle Rechte vorbehalten
Satz: kn
Herstellung: dp
Umschlagfoto und -gestaltung: Maria Reichenauer
Printed in Germany

Verlagsnummer 3786

Für Ricarda

Inhalt

7

Vorwort

Das Mittelalter war Erbe der gesamten Antike. Doch dies fiel ihr nicht mühelos zu. Das griechische Wissen wäre verschollen geblieben, hätte es nicht das Nadelöhr der arabischen Kultur gegeben. Sie vermittelte die großartigen Leistungen des griechischen Geisteslebens.

Eine der überragenden Dichtergestalten dieser Epoche war Dante (1265-1321) aus Florenz mit dem umfangreichen Werk der *Divina Commedia*, der ›Göttlichen Komödie‹. Im Gegensatz zu diesem Buch hat Dante drei Bereiche seiner Traumreise mit *Inferno* (Hölle), *Purgatorio* (Fegefeuer) und *Paradiso* (Paradies) überschrieben. Sein Werk ist eine Synopse des Wissens seiner Zeit, beschreibt eine Jenseitsreise als seherische Vision und gestaltet den Kosmos mit seinen Planetensphären zur Stätte vollziehender Gerechtigkeit.

An der Wende zur Neuzeit begann der große Aufschwung mit der Sixtinischen Kapelle unter Papst Sixtus IV. ab etwa 1470. Außergewöhnliche Künstler des 15. und 16. Jahrhunderts wie Sandro Botticelli, Domenico Ghirlandaio, Cosimo Rosselli, Luca Signorelli, Perugino und dessen Schüler Pinturicchio erschufen imposante Meisterwerke von unerhörter Kühnheit und Freiheit. Zu bewundern ist vor allem die Schöpfungsgeschichte Michelangelos (1475-1564) an der Decke. Zuinnerst beeindruckt auch sein Werk *Jüngstes Gericht* als Altarwand. 1547 wurde Michelangelo Baumeister des Petersdoms.

Zu einer Begegnung weltgeschichtlicher Bedeutung kam es nicht: Bis heute haben die Augustinereremiten die Aufsicht über die Sixtina. Als Michelangelo 1510 die Decke ausmalte, besuchte ihn möglicherweise der junge Augustinereremit Martin Luther (1483-1546), der von Dezember 1511 bis Ende Januar 1512 in Rom weilte. Er wohnte im Kloster dieses Ordens bei Santa Maria del Popolo oder in Sant'Agostino. Was wäre geschehen, wenn sich beide als Brüder im Geiste erkannt hätten?

9

Renaissance! Aufklärung, Humanismus, Wiedergeburt der Kultur – dem ist keineswegs so. Aus historischer Sicht war sie eine religiöse Epoche voller Grauen. Die Kunst brachte nur einer kleineren Oberschicht eine Verschönerung der Welt. Aber nicht so sehr beeinflußten die großen Künstler das Zeitgeschehen, eher der Bilderverbrenner Savonarola (1452-1498) und Luthers Lossagung vom Papsttum. Inquisition und Folter durchdrangen das Alltagsgeschehen. Selbst Jacob Burckhardt hat die Renaissance in ihrem Kern verkannt. Für die Menschen war sie mehr Hölle als Paradies.

Dantes Vision! Michelangelos Vision über das Ende der Weltgeschichte! Visionen zu jener Zeit! Seit eh und je hat die Phantasie das Jenseits mit einer Fülle von möglichen Versionen als Vorahnung auf das Danach ausgeschmückt. So hinterlassen die Totenstätten der Etrusker wie in Tarquinia, Norchia und Ceveteri in Latium Bilder, wie diesseitig sie ihr Jenseits sehen. Dieses Buch jedoch handelt von dem Danach als einer Vision der Moderne. Es schildert das Sein im Danach. Auszugehen ist davon, daß das verrinnende Da-Sein mit dem Tod nicht abbricht. Also kein Ende, kein Zerfall zu Nichts? Keineswegs, da das Sein als Seele ewig ist. Der Werdensprozeß des Seins hält nicht inne. Die Seele tritt nach dem Tod die Reise ins Licht an. Alle Seelen versammeln sich drüben in einem Lichtermeer und stehen im Gegenlicht des einen Gottes. Erst am Ende der Zeit hören die Zuwächse des Lichtermeeres auf.

Nach mehrmaligen Besuchen der Sixtina habe ich im Jahr 2013 mein Opusculum ›Am Ende des Feldweges – Eine Reise ins Licht‹ einer Eingebung folgend veröffentlicht. Es erscheint nun die hier vorliegende überarbeitete und erweiterte 2. Auflage mit dem Haupttitel ›Vom Alter und Danach‹.

Diese im Buch dargestellte Vision der Moderne ist Orientierung und zugleich eine Botschaft der Hoffnung für alle in der Welt, die Zuversicht ausstrahlt und ebenso hilft, die zahlreichen Distanzen und Unterschiedlichkeiten der Religionen zu überwinden.

Richard van de Sandt

1. In Erwartung

Menschliches Da-Sein gebietet, für das Leben besorgt zu sein. Man führt kein Leben unbekümmert und isoliert. Vielmehr sind die Menschen aufeinander verwiesen und können nur gemeinsam ein höheres kulturelles Niveau erlangen. Dabei bleiben die Leistungen eines jeden einzelnen Menschen für sich bestehen. Der Mensch steht im Alltagsgeschehen seiner Lebenswelt, in welcher er sich zu bewähren hat, und das er erfährt, indem er es durch seine Handlungen, sein Gestalten und sein Entscheiden im Rahmen seiner Möglichkeiten weiterentwickelt und dementsprechend fortsetzt. Leben hat folglich mit Entscheidung zu tun.

Nicht umsonst hat sich der Mensch zu fragen ›Was kann ich?‹, ›Was möchte ich?‹ und ›Wie komme ich dahin?‹. Der Erfolg ergibt sich, frei nach Churchill, durch die Fähigkeit, einmal mehr aufzustehen als hinzufallen. Der Mensch wird zu 50 Prozent durch Gene und zu 50 Prozent durch Umweltbedingungen und sein Handeln geprägt. Demnach ist der Bereich groß, auf den er gezielt Einfluß nehmen kann.

Die eigentliche Grundfrage ist: Wer bin ich? Was ist der Mensch? Die Wissenschaften sind um keine Antwort verlegen. William Shakespeare hat den Menschen nicht erklärt, sondern ihn auf die Bühne gebracht, ihn dort auftreten lassen, wie er ist – hoffnungsvoll oder hoffnungslos, glücklich oder unglücklich, freiheitlich oder hörig, gut oder böse, fröhlich oder verbittert. Er hat eine Vielfalt des Menschseins in seiner Bewegtheit gezeigt und dadurch seine eigentümliche Wirklichkeit durch Sprechen etwas zu bewirken aufgehellt. Demnach wäre das Gespräch das jeweils gegenwärtige Leben in der Sprache.

Leben und Arbeit gehören zusammen. Denn Arbeit zählt zu den wichtigen Resonanzsphären, da sie ein Antwortverhältnis kreiert. Eine Art dialogische Beziehung.

Aus dieser Sicht wird es verständlich, daß das Leben ein ständiger Prozeß des Übens und Bemühens ist, der nur mittels Vollzugs seinen Sinn bekommt. Es ist letztlich immer der eigene Antrieb, der das Wohlbefinden steigert, Wohlfahrt mehrt und mittelbar zur Verbesserung der Lebenswelt beiträgt. Da es sich so im Alltag abspielt, geht es dem Menschen schließlich um sein Schicksal, seine Zukunft. Es ist die Sehnsucht nach der Zukunft. Das Da-Sein steht in der Gegenwart verbunden mit mancher Erinnerung zurück in die Vergangenheit, die wiederum die Sehnsucht nach der Zukunft hoffähig macht. Erschöpfungen oder Ängste treten häufig auf. Es sind Begleiterscheinungen des Alltags, die individuell anzugehen sind, indem man sich immer wieder Augenblicke zur inneren Einkehr und Gelegenheiten zum Innehalten verschafft.

Unser Da-Sein verläuft im Zeichen von Aktiv und Passiv. Antreiberfaktoren wie der Wille zum Vorwärtskommen, Möglichkeiten der gesellschaftlichen Arbeitsteilung, Perspektiven des wirtschaftlichen Umfelds, Zustand der Gesellschaft und ihre Entwicklungsstufe, Endlichkeit des Lebens oder die Angst vor dem Tod spielen in ihren Auswirkungen auf den Werdensprozeß eines Menschen eine Rolle.

Das Leben ist im Alltagsgeschehen eingebettet. Die Aktivität des Menschen wie die der Lebenswelt wirkt ohne Unterbrechung auf ihn und sie zurück. Wichtig ist, daß sein Handeln zielorientiert geschieht. Denn Bewegung bedingt Zielsetzung. Dazu gehört selbstverständlich Entschlossenheit, die aber nicht Vollendetheit seines Da-Seins herbeiführt. Da es zeitlich ist, vollzieht sich sein Werden in dieser Zeitspanne. Somit ist das Leben wesentlich von der Zeit her begreiflich.

Die zentrale Frage ist: ›Wo geht die Zeit hin?‹ Zeit ist eine knappe Ressource und ›möglichst viel davon‹ bedeutet biografisch die Möglichkeit zur Verwirklichung einer lebenslängeren, in Erfüllung gehenden Lebenszeit. Auf jeden Fall ist das Beschreiten des Feldweges bis ans Ende je nach Lebensentwurf mühselig. Der Mensch ringt um emotionales und kognitives Wohlbefinden. Sein Verhalten und Handeln mündet entweder in Gelingen oder Scheitern.

Zieht Gelingen Selbstzufriedenheit nach sich, dann Scheitern Verzweiflung. Zwischen diesen beiden Extremen bewegt sich das Spektrum des Lebens in der Welt, die es zu verstehen gilt, und in der die Selbstverwirklichung stattfindet: aktive Teilnahme oder passive Annahme, Muße oder Müßiggang, Ermutigung oder Entmutigung, Offenheit oder Unehrlichkeit, Anpassung oder Eigensinn, Großzügigkeit oder Geiz, Anerkennung oder Auflehnung gegen das Alter, nüchterne Investoren als Mitunternehmer oder maßlose Investoren als Gierige. Ebenso kann Arroganz zerstörend wirken.

Geselliges Zusammensein fördert und stärkt Empathie. Meine Frau und ich schätzen es, gleichgültig wo wir uns aufhalten. Wir suchen die Nähe zu Menschen. Es ist erfreulich, daß die Familie in der italienischen oder arabischen Welt noch eine dominierende Rolle spielt. Kinder entwickeln die besten Fähigkeiten in ihr und haben dann für das Leben gute Voraussetzungen, wenn ihnen das Glück zuteil wird, Eltern, Mutter und Vater, zu haben. Das ist doch eigentlich die Norm der Normalität. Von bestimmender Bedeutung ist, wie fürsorglich die Familie mit dem Kind umgeht, wie die Stimmung in der Familie generell ist.

Humor ist in Gesprächen ein gern gesehener Gast, ein lustiger Gesell, wenn Erlebnisse oder Geschichten zum Besten gegeben werden. Ebenso lassen sich Mißgeschicke mit heiterer Gelassenheit viel leichter erzählen. Geteilte Heiterkeit ist lebbare Heiterkeit. Herzliches Lachen wirkt auf alle ansteckend.

Leben wird nicht allein nach dem Alphabet der Freude buchstabiert. Ein jeder hat seinen Feldweg zu gehen. Glück und Leid liegen dicht beieinander. Hermann Hesse (1877-1962) sagt treffend im Gedicht *Im Nebel:*

Seltsam, im Nebel zu wandern!
Einsam ist jeder Busch und Stein,
Kein Baum sieht den andern,
Jeder ist allein.

Ich lebe auf dem Land, bin selbst offen, bodenständig und von rheinischer Fröhlichkeit. Daher sind mir Mitmenschen im Dorf lieber, weil sie sich ohne Maske zeigen. Ich begegne dort Menschen, die ein erstaunlich feines Empfinden besitzen und sich weniger hochmütig benehmen.

Einfach und bescheiden bleiben ist ein Erfolgsrezept der Kommunikation und erleichtert das Miteinander. Die Gespräche sind lokker, ehrlich und erfrischend. Kein arrogantes, selbstsüchtiges oder geheucheltes Gerede. Das Innere eines Menschen spiegelt sich in den Augen. Glanz in den Augen… In solchen Fällen gerät selbst das Gegenüber in Erstaunen. Eine von innen kommende, herzliche und erfrischende Zutat, die beidseitig ein Glücksgefühl auslöst. Eine Atmosphäre der Behaglichkeit breitet sich im Herrgottswinkel aus.

Jeder Lebensabschnitt hat seine eigene Weile. Die einzelnen Abschnitte bilden ein Kontinuum. So ist das Alter mit der vorhergehenden Lebensphase verbunden. Altern aber geht mit einem Verlust von Möglichkeiten einher. Die letzte Wegstrecke versteht sich als Phase zunehmender Langsamkeit und Gebrechlichkeit. Die Bedürfnisse an Hilfe und Pflege sind Zeichen des sich nähernden Alterns. Es ist der Übergang von einer Taktart in eine andere. Alles spielt sich nun ohne Erwerbsarbeit ab. Das Gefühl der Kontinuität ist zwar gegeben, aber ein anderes Zeitempfinden macht sich bemerkbar. Die innere Uhr wird langsamer, obwohl die objektive Zeit gleich bleibt.

Im Greisenalter kommt es zum verstärkten Anspruch auf Betreuung. Je nach finanziellen Ressourcen bleiben viele ältere Menschen in ihrem bisherigen Zuhause wohnen, andere wiederum suchen frühzeitig Residenzen auf. Je pflegebedürftiger der ältere Mensch wird

und je weniger die Familie die Pflege übernehmen kann, desto eher
steht das Unterbringen in einem Altenheim an.

Lied des Harfenmädchens

Heute, nur heute
Bin ich so schön;
Morgen, ach morgen
Muß Alles vergehn!

Nur diese Stunde
Bist du noch mein;
Sterben, ach sterben
Soll ich allein.

Theodor Storm

ANM. Eine liebenswürdige, wehmütige Lyrik. Bitteres Los des Menschen, die schicksalhafte Vergeblichkeit. Sanftheit im Stil. Daher eines
der schönsten Gedichte in deutscher Sprache. Ein Wohlklang. Nur ein
Adjektiv: ›schön‹. Ein schlichtes, empfindsames Gedicht in miniatura,
das nichts Neues bringt. Ein Spiegelbild unserer Seele in der Alltagssprache.

Gerade im Alltag im Draußen bedarf es der Achtsamkeit älterer
Menschen im lebhaften Verkehr. So bedeutet die Überquerung einer
Straße trotz einer Fußgängerampel auf Grün ein Risiko. Wer nicht
gut zu Fuß ist, erreicht oft gerade die Straßenhälfte. Schaltet die
Ampel auf Rot, hat er die andere Straßenseite noch nicht erreicht. In
der Regel jedoch erweisen sich die wartenden Autofahrer zuvorkom-
mend hilfsbereit, so daß sich der ältere Mensch durch Weitergehen
vor dem sonst unabänderlichen Aufprall noch retten kann.

In den Großstädten Italiens geht es lebhafter, temperamentvoller
zu, da sich zu den Autos noch die *motorini* gesellen. Der Verkehr ist

hitzig, wenn sie rechts und links vorbeiziehen. Tollkühn und flink wuseln sie zwischen den Autos hindurch und setzen sich an den Ampeln vor diese. Doch selten kommt es zum Crash. Irgendwie sprechen sich die Fahrer ab und sind zugleich Meister des Improvisierens. Die kleinen Altäre und an manchen Straßenlaternen Fotos mit Namen, Alter, Todestag und oft mit frischen Blumen weisen aber auf schwere Unfälle hin.

Bevor das Gespräch aufgenommen wird, versuche ich, über einige Grunddinge nachzudenken. Ist mein Leben nicht ein geschenkter Zufall? Braucht meine Seele nicht Glanz und Spiel? Ist nicht das unwiederbringliche Heute – das Jetzt – kostbar? Wie versteht sich der Alltag? Muß ich nicht einsehen, trotz meiner Freiheitsliebe ein Stück Freiheit für mehr Sicherheit aufzugeben? Die Ethik hochzuhalten ist Vermächtnis. Grundwerte zu bewahren, die Schattenseiten in der Welt aufscheinen zu lassen und die Zustände zu verbessern, sind ständige Aufgaben.

Noch zum Eigentlichen. Ich möchte hier in aller Bescheidenheit Fragen aus dem Blickwinkel meiner Vita beantworten. Worauf kommt es an? Ist das Einfache nicht das Wahre? Gibt es über die Bio- und die Noosphäre hinaus, wie Teilhard de Chardin sagt, noch eine Letztphase, in der der Mensch eine offene Tür zu Gott findet?

Warum? Welche Gründe haben Sie bewogen, Ihren Wohnsitz in den Schwarzwald – den südlichen Teil – zu verlegen?

Schwarzwald! Black Forest! Foresta Nera! Bezaubernde Landschaft! Der eigentliche Machthaber auf Erden, der stoisch Lebewesen und Lebensweisen formt. Erholung bietet er den Gästen, Entschleunigung, Heimatgefühl, Heimat für eine kurze Zeit.

Dunkle Wälder: Fichten, Kiefern, Tannen. Alte Bauernhöfe, Herrgottswinkel, Kuckucksuhren, Bollenhüte. Ein einzigartiges Bild bietet die unvergleichbar schöne Landschaft mit den sanften Höhenlinien und der schroffen Alpenkette im Hintergrund. Tourismus, hervorragende Gastronomie und Weine, innovativer Mittelstand. Fast unberührtes Landschaftsbild ohne energetische Industrialisierung des Horizonts wie in Norddeutschland. Seine Geschichte wie auch die Besiedelung ist spannend.

Der Aufbruch der Glas- und Uhrenträger über den Schwarzwald hinaus. Seit 2007 ist diese liebliche Region unsere Heimat.

Ich brauche das Bergdorf Brenden – zwischen Schluchsee, St. Blasien und Waldshut auf 900 m Höhe gelegen – für meine Spätlebensphase und kreative Erdung. Der 400-Seelen-Ort bietet hinreichend Abwechslung. Der Blick aus dem Fenster erfaßt die sanften Höhenzüge und in der Ferne die bizarre Alpenkette. Bei Föhn greifbar nahe. Im Vordergrund das ovale Feld. Am Rand entlang Häuser, die die Sicht nicht versperren.

Die Magie, die das Vergehen der Zeit erkennbar macht, ist das Licht. Immer wieder erstaune ich über die Lichteffekte, das Aufkommen eines Archipels aus Wolkeninseln am Himmel, Nebelbänke in den tiefgeformten Tälern, Donner und Blitze wie gewundene Adern aus Licht, folierte Heuballen im Sommer oder Schneemassen im Winter. Eine Naturbühne im Wandel der Jahreszeiten.

Dieses heimelige Nest Brenden bietet das Gefühl einer starken Resonanz. Der Ort atmet und antwortet. Ich kenne die Dorfbewohner, die Täler, die Bäche, die Wegkreuze, die Bildstöcke, den Granit- und andere Brunnen, die Kirche und die Kapellen. All dies ist meine Heimat!

Ihre Beschreibung der ›Skulptur – Sein und Raum – in Brenden‹ hat Aufmerksamkeit ausgelöst. Nun sitzen Sie mitten in der Arbeit an der Fortschreibung einer Vision der Moderne über den ›Mystischen Raum ohne Hölle‹.

Die Rede ist von einer Eingebung, die ich an verschiedenen Orten in Italien erfahren habe – beispielsweise im Pantheon mit seiner Kuppel als Symbol des Himmels, vor dem Altarbild des Jüngsten Gerichts in der Sixtinischen Kapelle, ähnlich im Dom zu Orvieto oder in der Kapelle zu Ehren des hl. Bonaventura in Bagnoregio. In dieser kleinen Schrift vertiefe ich, was ich im Buch ›Die Skulptur‹[1] bereits begonnen habe. Hierbei geht es um die Thematik des Alters, der Erwartung und der Hoffnung am Ende des Weges.

Zum Vorigen: Michelangelos Riesenfresko stellt das konkrete Ende der Weltgeschichte dar. Was hat Sie im ersten Moment der Betrachtung so ergriffen?

Sein Kunstwerk ist außergewöhnlich. Ganz demütig stand ich davor und war überwältigt von dem so einmaligen Meisterwerk begnadeter Schaffenskraft. Es ist eine Vision seiner Zeit, wie der Tag des Jüngsten Gerichts sein könnte. Es zeigt, daß der Mensch weiterlebt – ob in der Hölle oder im Himmel.

Das Gemälde schürt Angst. Dieses Phänomen durchwirkt den Menschen unterschiedlich im Ausmaß, jedoch im Ansatz intensiver auf der letzten Etappe seines Weges in der ihm umgebenen Lebenswelt, die sich als Vorhanden und Verhaltensstätte präsentiert.

Diese Ereignis-Vision erschüttert tief. Denn es taucht kein ›Danach‹ auf, kein Himmel ohne Hölle im Lichte Gottes.

Das macht deutlich, daß Sie es bei Ihrem Vorhaben mit der Bewältigung eines ungeheuren Stoffes zu tun haben.

Ich habe mir vorgenommen, es knapp zu meistern. Das Thema ist faszinierend und erlaubt eine neue Sichtweise des Zugangs zum Glauben. Außerdem bereitet es mir viel Freude, da ich schon selbst zu den älteren Menschen zähle. Betrachten wir uns selbst einmal im

Werden! Stellen wir im Rückblick nicht fest, daß ein jeder seinen Feldweg bis ans Ende zu gehen hat? Und was kommt danach? Quo vadis? Was erwartet uns? In Erwartung? Welche Ängste befallen uns im Zeitablauf des Lebens? Endängste? Das Angstgefühl zu mildern, abzuschwächen, vielleicht sogar zu nehmen, möchte ich mit diesem Opusculum bezwecken.

Seit Menschengedenken stellen sich die Menschen die Frage nach dem ›Danach‹, die aus Sicht der einzelnen Kulturen und ihrer Lebenswelten unterschiedlich interpretiert und kulturgeschichtlich differenziert werden müßte. Dieser Stoff wäre jedoch zu umfangreich. Daher gibt es keine weltumfassende, vollständige Schrift, die ich hier vorlege.

Die Frage, die sich Leserinnen und Leser stellen, lautet: Geht es mich an? Ja, meine ich. Man muß das Buch mit gesteigerter Aufmerksamkeit und reflektiertem Bedacht lesen. Es will trotz seiner Grenzen aufhellen, will vielen Menschen auf ihrem Lebensweg helfen. Es ist eine Art Portikus, der neugierig macht auf das, was uns erwartet, wenn wir glauben: der Portikus zum Pantheon?

Was erwarten Sie am Ende des Lebens? Warum ist diese Frage so sinnvoll?

Zunächst sind es mehrere Faktoren, die zusammenkommen: das Alter, das Geschehen des Alltags und die Inspiration, wobei letztere auf den Reisen in den Süden, aus Begegnungen, aus Bildern und Gedankenentwicklung zu keimen begann. Nicht umsonst bin ich gerne im Süden. Licht im Gegenlicht beflügelt die Phantasie. Fiktive und spekulative Elemente finden sich ein. Neugier. Gedankenfülle. Eine Idee rückt in den Brennpunkt.

Mut braucht man, bis sich die Idee weiterentwickelt und die Form einer Vision annimmt. Durststrecken gilt es zu überwinden, Kränkungen, Verspottungen und Verletzungen sind durchzustehen, wenn

19

man gewohnte Wege verläßt. Gleichmut läßt Niederlagen leichter ertragen.

Das Leben sucht Antwort auf existentielle Fragen. Ihre Frage zielt auf den Sinn der Suche nach Antwort angesichts der Zunahme an Komplexität und Wissen. Es geht um das ›Wozu‹ und ›Warum‹. Es ist die Erwartung und Hoffnung, daß der Visionär eine tiefsinnige, verständliche Deutung findet. Es muß sich das Denken, das Nachdenken öffnen und in Gang setzen, damit eine Niederschrift stattfindet. Was diese Vision anzieht, ist ihre Besonderheit.

Ihre Frage wird am Ende des Buches beantwortet. Bis dorthin bitte ich den Leser um Geduld, denn wir Menschen stehen in einer Ereignis-, Ding- und Lebenswelt in gleicher Weise.

Wollen Sie mit Ihrer Vision die Spätlebensphase der Menschen erträglicher machen?

Gewiß doch! Vieles bleibt natürlich ungesagt. Dennoch geht es mir um ein Richtungsbild als Grundidee, das von einem hoffnungsvollen, wunderbaren Morgenrot erzählt. Ein verheißungsvoller Beginn einer universalen Botschaft, die Verständigung ermöglicht. Die über die jeweilige Moderne hinausgehende Vision mitzuteilen, zu offenbaren scheint mir wichtig. Wenn ich diese nicht niederschreibe, um sie auch für andere Menschen festzuhalten, würde sie mich ständig in meinen Träumen verfolgen.

Was könnte Ihr Vorhaben gefährden?

Die Gedanken könnten ins Schlingern geraten, wenn ich mich auf mich allein gestellt sähe. Die Antwort auf die Frage nach dem ›Danach‹ läßt sich eigentlich kaum in Worte fassen. Gefährdend wäre folglich eine drohende Antwortlosigkeit, die, wenn sie von vornherein gegeben wäre, Scheitern bedeutet. Gelingt mir jedoch der Versuch des Verstehens und die Herbeiführung einer Antwort, so ist das Ergebnis nicht abstrakt, sondern steht in alltäglichen Lebenszusammmenhängen.

An was erinnern Sie sich, wenn Sie auf dem Petersplatz stehen?

Spontan fallen mir die Worte »La luna, le stelle« von Johannes XXIII. ein. »Der Mond, die Sterne sehen auf euch Menschen herunter, und wir sollten uns lieben.«

> Gen Himmel
> Schaue die Sterne
> Staune und steh
> Verweile
> Vertraue

*Annibale Carracci, Die Flucht nach Ägypten. Öl auf Leinwand, um 1603
(Galleria Doria Pamphilj, Rom)*

Caravaggio, Ruhe auf der Flucht nach Ägypten. Öl auf Leinwand, um 1594 (Galleria Doria Pamphilj, Rom)

Der Violine spielende Engel als Detailerfindung Caravaggios teilt das Bild in zwei Hälften, wobei die linke Seite durch den Esel eingerahmt präsentiert wird, während die rechte mit Maria und Kind schlafend aneinandergeschmiegt sich hinein in eine weite Landschaft öffnet. Menschliches und Göttliches, Irdisches und Himmlisches stehen sich gegenüber.

2. Pantheon – Kuppel als Himmel

Sie wohnen in Brenden, in einem kleinen Bergdorf im Südschwarz-
wald, leben zuweilen in Rom. Welches Bauwerk aus der Alten Welt
besuchen Sie regelmäßig?

Mich beeindruckt immer wieder der antike Kuppelbau, das Pantheon,
das in seiner heutigen Präsenz in den Jahren 115 unter Trajan (98-
117) begonnen und 125 n. Chr. unter Hadrian (117-138) vollendet
wurde. Zuvor hatte Agrippa, der Schwager von Augustus, einen Tempel (27-25 v. Chr.) zu Ehren der Sieben Planetengötter errichtet, der
durch ein Feuer im Jahr 80 teilweise niederbrannte, von Domitian
(81-96) aufgebaut und im Jahr 110 durch Blitz wieder zerstört wurde. Der neue Bau sollte dem Gedanken einer Kultstätte von weltweiter Bedeutung gerecht werden. Hadrian, der im Architrav den
Namen Agrippa beließ, verpflichtete den Architekten Apollodor aus
Damaskus. Ihre beider Vorstellung war eine mit einer rechteckigen
Vorhalle verbundene Rotunde.[2]

Wie muß man sich die römische Religionsausübung vorstellen?

Das kultische Fundament des Alltags wurde von der altrömischen
Religion bestimmt. Darüber hinaus drangen Mysterienkulte aus
Kleinasien ein wie der Kybele-Kult und der der ägyptischen Isis, die
teilweise an ein Weiterleben im Jenseits glaubten. Im 2. bis 4. Jahr-
hundert verbreitete sich der Mithras-Kult, für den die römischen
Kaiser große Sympathie bekundeten. Sie setzten den ursprünglich
persischen Gott, der das Böse und die Reinigung der Seele durch
Kampf überwand, mit dem Sonnengott als ihrem Schutzgott gleich.
Zahlreiche Mithras-Kulträume entstanden in Privathäusern und in
Gewölben, aber auch in kaiserlichen Gebäuden wie in den Caracalla-

Thermen. Juden wurden erstmals im Jahr 139 v. Chr. erwähnt, die sich vor allem in Trastevere niederließen. Das Christentum entwickelte sich im 1. Jahrhundert durch die unter Nero eingewanderten Juden Petrus und Paulus. In einem Haus an der Via Lata (heute Via del Corso) oder auf der Via di S. Paolo alla Regola mit einer Informationstafel ›Divi Pauli Apostoli Hospitium et Schola‹ (Herberge und Lehrstatt) südlich durch die Gasse von der Piazza Farnese in Richtung Ghetto über die Via dei Pettinari (rechts wäre Ponte Sisto) hinaus stellte man Paulus, obwohl er römischer Bürger war, über mehrere Jahre unter Hausarrest.

Das architektonische Weltwunder ist immer noch die Kuppel mit einer im Innern sich verjüngenden Kassettengliederung. Gab es hierzu Vorbilder?

Die architektonischen Voraussetzungen für diesen Bau reichen weit in den Orient zurück. Vom Halbkugel- und Kuppeldenken der Hochkulturen des Alten Orients erfuhren die kaiserlichen Bauherren durch den syrischen Architekten. Die Hügelgräber zur Zeit der Hochkultur Dilmun (2500 bis 500 v. Chr.) auf Bahrein hatten »eine Kieskuppel, die den Eingang zum Grab verschloss. Den Zugang bildete ein quadratischer Schacht aus Stein, der zu zwei übereinander liegenden Kammern führte. Die äußere Schale setzte sich zwecks Stabilisierung des Ganzen aus mehreren konzentrischen Ringmauern zusammen.«[3] Darüber hinaus beeinflußten die Griechen Denken und Architektur. Ebenso prägte die römische Pan-Theologie die Gestaltung eines Bauwerks unter dem Schirm der Sonne und dem Gott, der allwirkend ist. Die Kuppel als Himmelsgewölbe kam dieser Idee entgegen.

Es ist gerade der Bau des Pantheons als All-Götter-Kultstätte und Ausdruck eines baumeisterlich gewagten Vorhabens, der die Religionsausübung auf das weltpolitische Machtzentrum fokussierte. Mit diesem Bauwerk begründete Apollodor räumliches Denken in einer bis zu diesem Zeitpunkt kaum vorstellbaren Weise und erfüllte zugleich die kaiserlichen Erwartungen politisch-theologischer Ansprüche.

Grundrißdurchmesser und Scheitelhöhe der Kuppel entsprechen sich mit 43,3 Metern und definieren zugleich den Raum. Wie ist Apollodor vorgegangen, um deren Bau umzusetzen?

Im unteren Bereich verwendete man Beton, der mit ansteigendem Gewölbe wegen erforderlicher Gewichtsverringerung mit Tuff, Tonscherben und Bimsstein versetzt wurde. Von innen betrachtet gibt es eine Kassettengliederung von fünf Reihen mit je 28 Kassetten, die sich nach oben hin verjüngen und kleiner werden. Im übrigen bleibt es ein Rätsel, wie der Architekt das Problem der Verschalung gemeistert hat.

Das Bauwerk läßt sich am ehesten begreifen, wenn man gedanklich die untere Halbkugel hinzufügt. Man gewinnt eine innere Beziehung zu der Vorstellung des Universums als vollkommenste geometrische Form, die sakral das Haus der Götter vollendet. Der Kaiser erhoffte sich, das Bild der Göttlichkeit auf Erden zu schaffen: Roma aeterna.

Beeindruckt Sie nicht am meisten die runde Öffnung der Kuppel mit ihren 9 Metern Durchmesser?

Den Besuchern ermöglicht die Öffnung den Blick hinauf in den göttlichen Kosmos und zugleich nach Heidegger in die Lichtung des Raumes. So bietet sich der Raum als symbolisch-sakraler Ort von Diesseits und Jenseits, von Erde und Himmel dar. Raum aus Ur-Raum!

Zur eigenen Überraschung ahnt der Besucher nicht, was auf ihn zukommt, wenn er das Bauwerk zunächst von außen betrachtet und dann durch die hohe Vorhalle das Innen betritt. Nur mit offenen Augen läßt sich die kühne Architektur bewundern, das Sakrale wahrnehmen und die Lichtung der Botschaft verstehen. Die Kühnheit des Bauwerks liegt im Aufbau der Kuppel und im fehlenden Dachabschluß.

Diese Version hat sich im Kleinen bereits in den alten Kulturen gezeigt, aber erst mit dem Pantheon und seiner auf massivem Mauerwerk ruhenden Kuppel wurde die sakrale Poetik und die metaphysische Raumidee in einer neuartigen, bisher unvorstellbaren architektonischen Formgebung von Hadrian und Apollodor aus Damaskus verwirklicht.

Mit dem Betreten dieser Kultstätte erfuhr der Besucher die Nähe der Allgötterwelt, die Vorstellung kosmischer Verräumlichung, die dem Gedanken römischer Weltherrschaft entgegenkam, die nicht weniger wollte als die Götter fremder, aber befreundeter Völker heimisch zu machen. Das Pantheon wurde somit zu einem sichtbaren Ort göttlicher Lebenswelten, einem Ort der Gläubigkeit und Wahrheit im Zentrum der Weltmacht mit seinem vielfältigen Alltagsgeschehen.

Wann wurde das Pantheon christianisiert?

Zu Beginn des 7. Jahrhunderts wurde das Pantheon von Kaiser Phokas von Byzanz an Papst Bonifaz IV. (608) geschenkt, der ein Jahr später dieses Bauwerk der S. Maria ad Martyres weihte.

Apollodor hat mit seinem Bauwerk im Lichtermeer Roms eine unsichtbare, überwirkliche Wirklichkeit geschaffen, einen kosmisch ausgreifenden Raum von Göttern erfüllt mit großem Kollektivklang. Neues für die Zeitkunst Architektur, eine ›zeitlose‹ wegweisende Architektur. Sehen Sie das ähnlich?

Das ›Revolutionäre‹ an Apollodor betrifft in hohem Maße sein Selbstverständnis als Architekt aus dem Nahen Orient. Bezeichnend dafür ist sein Anspruch, nicht bloß ein Architekt zu sein, sondern ein kühner ›Erfinder‹ der Kuppel-Konstruktion, des Himmelsgewölbes. Dadurch hat er die Architektur auch philosophisch unterlegt und zugleich ein ›geistig-sakrales Material‹ schöpferisch hervorgebracht. Sein Kuppelbau ist zu einer Leitidee für Jahrhunderte geworden. Und deshalb gehört er als Architekt in die Ahnenreihe großer Erbauer. Gerade das bezeichnet das Revolutionäre an Apollodor, auch wenn er sich auf die Erbauer von Hügelgräbern vergangener Hochkulturen berufen konnte.

Die Kuppel des Pantheons ist erhabener Ausdruck geistiger Schöpfung. Mühelos hält sie Tonnen von Baumaterial in Schwebe. Die Unversehrtheit der antiken Rotunde mit der Säulenvorhalle und das Innere der aufstrebenden Kuppel verleihen eine derartige magische Kraft, der sich der Betrachter kaum entziehen kann. Hat sie nicht spätere Baukunst inspiriert?

Der Besucher kann die Architekturschönheit in der Regel nur augenblickshaft, ausschnittweise staunend und bewundernd aufnehmen. Die eigentliche Ur-Form der Kuppel des Pantheons setzt sich fort in den robust wirkenden Kuppeln der Romanik, in der höchsten Vollendung und technischen Ausführung der Kuppeln der Renaissance oder in den als Malgrund sich anbietenden Kuppeln des Barock. Nicht zu vergessen sind die vergoldeten Wölbungen der byzantinischen Baukunst oder die leichtgewichtigen maurischen Kuppeln mit arabesken Dekorationen. Islamische Baukunst.[4] In unserer unmittelbaren Nähe im Südschwarzwald haben wir in St. Blasien die drittgrößte Kuppel Europas. Bauhistorisch und kultisch können die Kuppeln viel erzählen.

Pantheon – ein meisterhaftes Werk der Baukunst menschlicher Schöpfungskraft.

3. Raum aus Ur-Raum – Urstart oder Urknall?

*In Rom begegnen Sie einem unvorstellbar kulturellen ›Wir‹. Ihr neu-
es Buch ›Die Skulptur – Sein und Raum‹ wird von zwei Thesen um-
rahmt, die dem Text vorangehen und diesen damit enden lassen. Ich
zitiere aus dem Buch:*

> ›Damit ein Anfang sei,
> wurde der Raum geschaffen.
> Damit die Zeit sei,
> wurde der Mensch geschaffen.‹

Am Schluß heißt es bedeutungsvoll:

> ›Raum ist ewiglich,
> Zeit vergänglich.‹

Wie ist dies im Kontext zu verstehen?

Es soll hiermit deutlich werden, daß Raum und Zeit nicht gleich-
ursprünglich sind. So ist das Konstrukt ›Zeit‹ ein geistreicher Ein-
fall des Homo sapiens, um Veränderungen im Geschehen wahrzunehmen, die das Bewußtsein registriert. Dagegen ist ›Raum‹ der
ureigentliche Bereich des Anbeginns, wo sich zunächst Materie und
später sehr zeitversetzt Leben entfalten konnte. Dabei war am Anfang genauso viel Materie wie Anti-Materie vorhanden. Daß es dennoch zur Entstehung des Universums kam, ist verblüffend. Denn die
beiden Teilchen löschen einander aus, wenn sie aufeinander treffen.
Es muß daher zu einem sehr frühen Zeitpunkt nach dem Urstart (vgl.
Ernst Schmutzer; Gegentheorie: Urknall) ein Ungleichgewicht zu-
gunsten der Materie eingetreten sein. Doch an welchem Punkt stell-

te sich die Asymmetrie ein? Mit dieser Frage beschäftigt sich die TU München in Garching.

Eine Frage zur Zeit. In seinem Opus magnum ›Sein und Zeit‹ hat Heidegger das Da-Sein in der Zeit hervorgehoben. Wie sehen Sie aus dem Blickwinkel Ihres Opusculums ›Sein und Raum‹ die Zeit?

Die Zeit ist als Bezugsrahmen in unserer Lebenswelt präsent. So kennt der Prozeß des Werdens nur einen zeitlichen Richtungssinn. Wäre Leben nicht temporal, entstünde nichts Neues. Daher hat die Zeit für unser Weltverständnis gegenüber dem Raum den Vorrang. Wir können es auch schlichter sagen: »Die Wirklichkeit ist stets nahe und entscheidender als Ideen.«

Urstart oder Urknall sind doch noch ein Glaubensbekenntnis der Physik. Für welches Raumbild stehen Sie?

Eine der spannendsten Fragen der modernen Physik ist die Suche nach der Verbindung zwischen Gravitation und Quantenphysik. Es ist durchaus denkbar, daß die ›Fünfdimensionale Physik‹ von Ernst Schmutzer[5] einen ›Wandel des Raumbildes‹ herbeiführt.

Die Entstehung der gewöhnlichen Zeit nach dem Urstart oder Urknall ist eng mit der Evolution des Menschen und seinem irdischen Leben verbunden. Es spricht aus dieser Sicht vieles für die Theorie des Urstarts als Softstart, da dieses Weltmodell sich durchgängiger und nachvollziehbarer darstellt und mit der Evolutionstheorie Darwins eher kompatibel sein dürfte. Das Universum in seiner Entstehung hat ohne den Menschen begonnen und wird auch ohne den Menschen enden.

31

Einstein-Theorie

Auf der Grundlage des vierdimensionalen Universums Einsteins gibt es bekanntlich für das Weltende den von Schmutzer geprägten Begriff ›Schlußknall‹ (*Big crunch*) als Abschluß des mit dem Urknall (*Big bang*) begonnenen Weltgeschehens. Das Ende käme einer Art ›Schlußknall‹ oder besser ›Schlußkollaps‹ gleich.

Mit Blick auf den singulären Urknall erhebt sich die Frage nach Masse zu diesem Zeitpunkt. Ist aus dieser Sicht ein ›Schöpfungsakt aus dem Nichts‹ überhaupt denkbar? Alles in allem ermöglicht die Einstein-Theorie kaum eine Aussage über die Masse am Anfang des Urknalls.

Ein Schöpfungsakt durch Urknall mittels einer Ur-Explosion aus einer Punktsingularität heraus als der Lösungsansatz begründet Zweifel und Skepsis.

Schmutzer-Theorie

Im Unterschied dazu steht das fünfdimensionale Universum Schmutzers mit dem regulären, nicht-singulären Urstart als Weltanfang und dem ›kosmologischen Finale‹ als Weltende für ein Weltmodell, das wahrscheinlicher eine realistischere Zukunftsperspektive hat.

Sein wissenschaftliches Gedankengut hat Schmutzer erstmalig auf dem 9. Internationalen Gravitationskongreß in Jena 1980 vorgestellt und seit 1995 durch Veröffentlichungen auf seine fünfdimensionale Projektive Einheitliche Feldtheorie (PUFT) hingewiesen, das aus einem weiteren Naturphänomen, dem Skalarismus (Skalarität) besteht. Schmutzer stellte diesen auf die gleiche Ebene wie den Elektromagnetismus.

Nach dieser Theorie beginnt das Universum mit dem ›sachten‹ Urstart vor etwa 14 Milliarden Jahren und endet in einem normalen, geordneten Finale nach 28 Milliarden Jahren. Dies deshalb, weil die heute im nahen Universum ehemals ausgestoßene Energiemenge nur noch halb so groß ist wie noch vor 2 Milliarden Jahren. Es verfällt zunehmend, wird aber sehr langsam alt.

Das Universum hat einen Anfang und ein Ende. Dazwischen findet die Expansion des Universums statt, die sich sogar beschleunigt. Welch ein Weltbild! Welch ein Raumbild! Wir leben auf der Basis eines vermutlich empirischen Befundes in einem ›beschleunigten Universum‹.

Die beiden Theorien im Überblick:

Theorien	Weltbild	Weltanfang	Weltende
Einstein-Theorie	4-d	Urknall Big bang	Schlußknall Big crunch
Schmutzer-Theorie	5-d	Urstart Soft start	kosmologisches Finale

ANM. Als eigentlicher Vater des Big bang gilt der Russe Georg Gamow (1904-1968). Der Deutsche Pascual Jordan (1902-1980) knüpfte mit seinen Schülern nach dem Zweiten Weltkrieg an die Überlegungen des Mathematikers Thomas Kaluza an, der im Jahr 1921 den Versuch unternahm, die Einsteinsche Theorie, die auf der vierdimensionalen Raum-Zeit basiert, um eine weitere Raumdimension zu erweitern. Schließlich setzte nach einem Jahrzehnt interessanter Arbeit eine heftige Kritik einiger Geophysiker an den Voraussagen der Jordanschen Rechnungen (Dirac'sche Idee einer variablen Gravitationskonstante) ein, die dann um 1961 abgebrochen wurde. Schmutzer hingegen ließ sich davon nicht beirren und blieb bei seiner Fünfdimensionalität, wodurch neue Freiheitsgrade für den Elektromagnetismus geschaffen wurden.

Auf der einen Seite beschäftigt sich die Forschung damit, die Allgemeine Relativitätstheorie Einsteins sowie die Quantentheorie und die Quantenfeldtheorie (Heisenberg, Schrödinger, Dirac und weitere namhafte Forscherpersönlichkeiten) miteinander als Fundamentalgebiet der Physik zu verbinden. Auf der anderen Seite hat Schmutzer die Grundlagen der Physik durch den Schritt zur Fünfdimensionalität in der Weise weiterentwickelt, wonach die physikalische Wirklichkeit zu ergänzen war. Das bisher nicht bestätigte Phänomen des Skalarismus wurde vorläufig als hypothetisch-real angenommen und trat gedanklich gleichberechtigt neben den Elektromagnetismus und die Quantenfelder. Nach den String-Brane-Theorien kann sogar die Dimensionszahl bis hin zur 11 und mehr ansteigen.

Im Universum befindet sich der Erdraum mit dem Weltall, dem Kosmos. Können wir uns eine Erde ohne Lebewesen vorstellen?

Wir sind es gewohnt, die Welt vom Leben her zu betrachten. Wahrscheinlich gibt es Leben in uns noch unbekannten Bereichen des Universums. Hätten wir dann nicht das Bedürfnis, unsere eigene Existenz anderen denkbegabten Wesen mitzuteilen? Neugierde treibt die Wissenschaft an. Die ›Physiké‹, das griechische Wort für Naturforschung, steht mehr denn je im Zentrum der Wissenschaft und Technik. Phantasie ist das wichtigste Mittel um voranzukommen.

Welches Weltbild sich künftig bietet, können wir kaum erahnen. Wir brauchen die Wissenschaften und sollten ihnen gebührende Wertschätzung entgegenbringen. Eine ihrer vielfältigen Aufgaben besteht darin, die unzähligen Facetten des Raumes zu ent-bergen und zu ent-rätseln. Mensch und Kosmos sind als lebendige Einheit zu verstehen. Wir leben mittendrin im Universum, das 100 Kilometer über uns beginnt. Die Erde umkreist seinen Stern und bewegt sich durch das Weltall.

Die Astronauten bestätigen uns Erdbewohnern nach ihrer Rückkehr unermüdlich, daß wir all unsere Kräfte dafür einsetzen sollten, unseren Heimatplaneten als wohl einmaliges, wunderbares Refugium zu erhalten. Nochmals, es ist unvorstellbar, wie die Ordnung und Harmonie unseres sichtbaren Kosmos aus reinem Zufall hätte entstehen sollen.

Die Erforschung des Universums, die Art und Weise, wie es funktioniert und es sich fortbildet, wird unsere Denkfähigkeit in höchstem Maße herausfordern. Neues zu schaffen bedarf nach Immanuel Kant ›positiver Unvernunft‹ oder ›systematischer Verrücktheit‹. Wer im Alltagsgeschehen innovativ sein will, muß Kontingenz zumindest hinnehmen. Das heißt aber nicht, Routine und Regeln beiseite zu schieben. Vielmehr entlasten sie und machen frei für Neues. Also nicht dem Prinzip des ›Entweder-oder‹ huldigen, sondern eher mit den Dualitäten eines ›Sowohl-als auch‹!

Die Methode der Wissenschaft ist die Beobachtung.[6] Die Wissenschaftler, die immer nach neuen Zusammenhängen und Fakten suchen, kennen Zweifel und Ungewißheit und kommen damit zurecht. Vor dem Zweifel braucht man sich nicht zu fürchten, da er anregt und infrage stellt. Wissenschaft bleibt eine Leidenschaft.

Wenn man eine analytische und objektive Betrachtungsweise anlegt, um die Komplexität des Universums auf Teilgebieten zu verstehen und sodann einen Blick auf den Menschen wirft, dessen Leben Teil eines unergründlichen Geheimnisses ist, dann enden die wissenschaftlichen Verstehensfragen oft voller Ehrfurcht angesichts eines unerklärlichen, geheimnisvollen Mysteriums. Es ist der Blick, der sich aus irdischer Sicht nach oben richtet und eine Art der Bewunderung hervorruft, die das höchste Ziel unseres Da-Seins ausmacht. Nebenbei bemerkt ist es nicht möglich, moralische Fragen mittels naturwissenschaftlicher Methoden endgültig zu klären und letztlich zu entscheiden. Beides ist vielmehr unabhängig voneinander.

Mit Blick auf die Urstart-Kosmologie ist dieses Weltmodell eher mit der wissenschaftlichen Matrix und ihrer Vorstellung von Weltanfang und Weltende vereinbar. Es ist erstaunlich, wie der uns zugängliche Kosmos so homogen (kein bevorzugter Punkt) und isotrop (keine bevorzugte Richtung) ist, präzise nicht ganz.

Seit den sechziger Jahren des 20. Jahrhunderts wird der Kosmos als evolutionär verstanden. Die wissenschaftliche Weltanschauung bekundet zweifellos eine apokalyptische Vision, die sie jedoch in eine unvorstellbare ferne Zukunft projiziert.

Ob dieser Entwicklungsgang durch ein Ereignis vorher unterbrochen wird, ist eine Frage, ob die absolute Grenze der Anpassungsfähigkeit von Lebewesen auf der Gradskala der Erderwärmung jemals überschritten wird. Denn im bisherigen historischen Zeitverlauf wechseln sich Erwärmungs- und Abkühlungsphasen ab. Inwieweit CO_2 einen bestimmenden Einfluß auf diese Entwicklung hat, ist wissenschaftlich nicht eindeutig geklärt.

AM RANDE. Viele Fragen bleiben ein Rätsel. Wie kam es zum Urstart? Wann und wie geht es mit unserer Welt zu Ende? Erderwärmung, Asteroideneinschlag, Virus oder unkontrollierte Entwicklung künstlicher Intelligenz? Werden wir eines Tages in einem anderen Universum weiterleben? Wissenschaft und Religion. Beides läßt sich durchaus miteinander vereinbaren, weil es immer wieder Dinge gibt, die sich nicht erklären lassen.

4. Weltbild – alles bewegt sich weiter

Die Weltbevölkerung versteht sich als ein interaktiver Zusammenhang und eine Schicksalsgemeinschaft. Dieses planetarische Beziehungsverhältnis enthüllt zahlreiche Globalisierungen, aber auch Deglobalisierung und Nicht-Globalisierung. Man kann sogar von gravierenden tektonischen Verschiebungen sprechen. Sehen Sie das auch so?

Die Frage ist sehr komplex. Die Weltsituation selbst wird offener, Freihandelszonen schaffen größere Markträume. Doch Blockbildungen oder einzelne nationale Abschottungen mögen zunehmen, grenzen sich dann vom Geschehen ab. Ein Grund dafür mag darin liegen, daß Staaten am Prinzip der Souveränität festhalten wollen. Sie sehen ihre kulturelle Identität in Gefahr.

Enorme Wandlungen mit positiven und negativen Folgen finden statt. Überall waltet Dialektik. Selbst das zwischenmenschliche Verhalten im Innen- wie auch im Außenraum wird dadurch beeinflußt. Diese Entwicklung bestimmt die Wirklichkeit des Nah- und Fernbereichs von Gruppen, Organisationen, Religionen und Staaten. Konservatives Wertefundament und liberale Ordnung der Gesellschaft schließen sich nicht aus. Die Wirklichkeit stellt sich eben als ein Geschehenszusammenhang dar.

Angesichts der Konflikte und Krisen, der Naturereignisse und Epidemien, der sozialen Fragen wie der Ungleichgewichte und der Perspektivlosigkeit der jüngeren Generation, der Bewahrung der Natur und der Ressourcenverteilung, der unausgewogenen Balance zwischen virtueller Realität und den Rechten des Individuums, der mangelnden Teilhabe an einem freiheitlicheren Gesellschaftssystem und fehlender Anpassungsprozesse an die jeweilige Moderne, der mangelnden Toleranz und Offenheit der in hohem Maße fragmentarisch vielfältigen Weltgemeinschaft stellt sich die existenzielle Frage, ob sich die Gegenwart allein aus einer von säkularen Kommunikationskräften einwirkenden Vernunft sicherer und stabilisierender gestalten läßt.

Ist die Vernunft als Wirkkraft auf kommunikatives Handeln ausreichend? Wie kann man in einer von unterschiedlichen Interessen geprägten Welt den Frieden sichern und einen sozialen Ausgleich schaffen? Braucht man nicht mehr Einigkeit und verstärkt Austausch von Informationen? Nationale Alleingänge bewältigen die Probleme nicht. Auch dem Terrorismus wäre so nicht beizukommen. Welche Meinung vertreten Sie?

Vernunft allein dürfte den sozialen Anforderungen weltweit nicht genügen. Denn man muß immer die Unzulänglichkeit und das Bedingtsein des menschlichen Handelns ins Kalkül einbeziehen. Außerdem kann Vernunft kaum allein dastehen. Das Vorhandensein des Glaubens in Form von Religionsgemeinschaften – heidnische, buddhistische, hinduistische, iranische, jüdische, christliche und islamische Religion – gehört zur realen Gegebenheit. Denken wir an die christliche Kirche, sie besteht bereits über zweitausend Jahre. Sie wäre längst nicht mehr da, wenn sie allein nur von Menschen abhinge. Das Phänomen Religion ist nicht wegzudenken und bleibt somit auch eine kognitive Herausforderung für die Philosophie.

In Ihrem Buch ›Die Skulptur‹ deuten Sie auf eine Vision hin. Welches Weltbild steckt dahinter? Welches wollen Sie den Lesern präsentieren?

Es wäre naiv zu erwarten, daß eine Zunahme des Wohlstands als solches die Weltgesellschaft befrieden könnte. Unrecht und Ungleichgewichte so weit wie möglich auszuschließen, bleibt eine Sache der Haltung des Menschen. Hiermit wird die materielle und zugleich die geistige Ebene angesprochen. Die Menschheit bleibt immer innerlich gefährdet. Es bedarf stets des Dialogs, um den Anderen zu verstehen.

MIGRATION. Die Geschichte im Rückblick hat ihren Reiz. Ob die Völkerwanderung das weströmische Reich beendete oder sein Niedergang die Völkerwanderung erst möglich machte, ist eine vieldiskutierte Frage. Gegenwärtig erleben wir eine Migrationswelle, deren Ursache im Nahen Osten zu suchen ist. Europa wird von Vertriebenen überrollt. Eigentlich ist diese Bewältigung eine Aufgabe der Vereinten Nationen. Solidarität verstummt auf beiden Ebenen.

WOHLSTAND. Unterschiedliche Lebensverhältnisse sind in allen Volkswirtschaften erkennbar. Eine Vielzahl von Menschen sieht sich an den Rand gedrängt: ohne Arbeit, ohne Perspektive und steht deshalb draußen. Ökonomische Gleichheit ist Utopie! Es wird immer ein Maß an Ungleichheit geben, die Neid schürt. Neid wie Gier sind Urquell für Aktivsein. In Maßen natürlich!

Eine andere Wohlstandsvariable ist die Lebenserwartung. Steigt sie, wird sie zu einer nicht unbedeutenden Wirkkraft eines Landes. Denn sie verschafft dann mehr Anreize, in Bildung zu investieren, die sich schubweise positiv auf die wirtschaftliche Entwicklung eines Landes auswirkt. Das beflügelt Wohlstand und steigert wiederum die Lebenserwartung. Ein langfristiger sozialer Entwicklungsprozeß.

Wie stellen Sie sich das Weltbild ausgehend von Teilhard de Chardin vor?

Das Weltbild (siehe Abb.) möchte ich leicht verständlich darstellen. Das Phänomen Universum ist in der Ganzheit zu berücksichtigen und in seiner Evolution in großen Linien zu umreißen. Das Weltbild selbst ist kein abgeschlossenes, in sich logisch-wissenschaftliches System, erläutert jedoch unkompliziert und einprägsam den Evolutionsvorgang. Teilhard de Chardin[7] hat diesen von der Dynamik der Komplexität her dargelegt, d.h. von der Zunahme der Komplexität materieller Organismenstrukturen, von der zunehmenden Vergeistigung zu einer kulturspezifischen Höherentwicklung des Bewußtseins.

	Sein Weltbild / Mein Weltbild	
	Kosmogenese:	Entstehung und Entwicklung des Universums
	Biogenese:	Entstehung und Entwicklung des Lebens
Teilhard de Chardin	Anthropogenese:	Entstehung und Entwicklung der Menschheit
	Noogenese:	Verehrung einer Götterwelt
	Christogenese:	Verehrung eines – persönlichen – Gottes mit Christus im Zentrum
Der Autor	Deogenese:	Gott im mystischen Raum

ANM. Das Weltbild Teilhard de Chardins habe ich noch durch die Letztphase ›Deogenese‹ ergänzt, weil die Seinsbewegung auf diesen Omega-Punkt in Richtung eines vollkommensten Seinszustands zuläuft. Mit der Reise ins Licht und der Aufnahme der Seele nach dem Tod scheidet das Leben aus dem Raum der biologischen Evolution aus und wechselt über in den ›mystischen Raum‹. Erst mit dem Schlußstrich des Letzten Gerichts und dem Beginn der Deogenese setzt der Heilsplan Gottes seinen Anfang, so daß Gott ›alles in allem‹ sein wird. Die Dreifaltigkeit geht über in die Einfaltigkeit.

AM RANDE. Trotz der Ablehnung ist es nicht schwer zu erkennen, daß die menschliche Unvollkommenheit ursächlich ist, daß sich die Geschichte wiederholt. Daher lassen sich stets Lehren aus der Historie ziehen.

Auch dieser Aspekt erscheint mir legitim: Der Satan bzw. Teufel existiert nicht! Er ist ein Konstrukt. Als solches hat er lediglich instrumentelle Bedeutung. Er soll das Böse aufschließen. Ihm kommt kein Wirklichkeitsgehalt zu.

Ob und wo im Universum noch anderes Leben in welcher Schöpfungsform auch immer existiert, bleibt offen. Selbst ein erdähnlicher Planet in einer habitablen Zone um einen sonnenähnlichen Stern ist bis heute verborgen geblieben. Die Rätsel des Universums lassen sich bis zu einem gewissen Grad mit der Zeit aufhellen.

Entspricht der mystische Raum einer kosmischen Schale?

Gott dürfen wir uns nicht auf einer kosmischen Schale sitzend vorstellen. Gott ist auch nicht in einem Raum zu verorten, sondern Herr der Räumlichkeit, also raummächtig. Seine Gegenwart ist überall, also allmächtig, nicht aber räumlich, sondern eben göttlich. Gott wirkt im Geistigen wie in der Materie. Gott ist Gott.

Aufnahme in den mystischen Raum ist ...?

... ein ontologischer Sprung des Seins in eine Dimension, die des Menschen Vorstellungskraft sprengt und seine Verstehensmöglichkeit übersteigt. Wer daran glaubt, kann das Leben wagen und muß nicht ständig aus der Angst heraus handeln, etwas zu verpassen.

Für die Mystiker des Mittelalters war es für das Wirken des Menschen in seiner Lebenswelt von herausragender Bedeutung sich vorzustellen, wie man am Ende seines Lebens gelebt haben möchte. Dies heißt, daß keine Entscheidung hinausgezögert werden durfte.

Das Bewußtsein der eigenen Zeitlichkeit hilft dem Einzelnen vor später Reue.

Ist der Mensch einmal vom historischen Bewußtsein und dieser Gedankenwelt ergriffen, offenbart sich die Vision der Moderne um den ›mystischen Raum ohne Hölle‹ als eine planetarische Universalie, die die Menschen miteinander verbindet.

ZUM VORIGEN. In der Gegenwart, hin in die Zukunft! Das Heute ist eine Dauerherausforderung, selten poetisch. Wir arbeiten ein Leben lang ›durch die Zeit‹ in unserer jeweiligen Lebenswelt in den unterschiedlichsten Regionen der Welt, gehen in die Zukunft mit der Gewißheit, daß wir altern, in das Gewesene, sobald wir uns erinnern. Und irgendwann kommt das Danach. Die Zeit hat dann ein Ende. In dem mystischen Raum versammeln sich mit dem Tod die Menschen als Seelen ebendort in einem Lichtermeer.

5. Der Mensch in der Welt

Das geistige Geschehen auf unserem Planeten ist von Konflikten und Gewalt, von Wanderungsbewegungen, Kriegen und Terrorismus, von Wert- und Orientierungsdebatten geprägt, in denen Verstehens- und Glaubensfragen eine wichtige Rolle spielen. Das Verhältnis der monotheistischen Religionen zueinander erlebt eine gravierende Aktualität. Statt den Anderen unbefangen wahrzunehmen, ihn in seiner Andersheit anzuerkennen und ihm auf Augenhöhe zu begegnen, werden wir mit physischer Gewalt und Indoktrination gegenüber Andersdenkenden und -gläubigen, mit Unterdrückung von Minderheiten wie auch aus lauter Machtgier mit Niederwerfung und – tödlicher – Intoleranz des eigenen Volkes, mit Egoismen und Menschenhandel konfrontiert. Gerade die Aufgeschlossenheit fremden Kulturen gegenüber sollte die Staaten und die Weltgemeinschaft dazu bewegen und anhalten, in ihrem Bemühen um Frieden und Verständnis des Anderen nicht nachzulassen, sonst breitet sich eine geistige Wüste im Weltenganzen aus.

Auch das materielle Geschehen weltweit ist von dem jeweiligen Entwicklungsstand, der Wettbewerbsfähigkeit, dem Verschuldungsgrad wie auch der Friedfertigkeit eines Staates abhängig. Die Öffnung der Märkte und die Leitidee des Freihandels haben einen lebhaften Aufschwung genommen. Dennoch ist die Schere zwischen Arm und Reich weiter auseinandergegangen. Die Geschichte lehrt: Nur offene Gesellschaften entfalten Dynamik. Abschottung und Isolierung bedeuten Niedergang und Armut.

Was geschieht aber, wenn die Aufwärtsentwicklung graduell von Land zu Land ansteigt, aber der zunehmende Nationalismus stärker aufkeimen sollte? Wird es dann nicht schwieriger für den Außenhandel? Was aber, wenn sich einzelne Staaten davon abwenden? Protektionismus wäre die Folge. Außerdem müssen wir uns mit dem sogenannten transatlantischen Populismus auseinandersetzen. Ebenso sollte Geldpolitik keine Fehlsteuerungen herbeiführen und das empfindliche Geflecht von Geld, Zinsen und Preisen unterminieren. Wer spart, darf nicht enteignet werden!

Die Welt wird asymmetrischer, vielfältiger und von Unsicherheit wie auch Ungewißheit geprägt, in der Trends nicht mehr verläßlich auszumachen sind und immer neue Szenarien uns herausfordern. Festgefügte Antworten gibt es kaum. Viele strategische Instrumente greifen nicht mehr. Wollen Unternehmen wachsen, sind neue Wachstumsfelder zu erschließen. Doch wehe, wenn Wirtschaftsräume schwächeln.

UNSICHERHEIT. Es kommt immer anders, als man denkt. Wie gehen wir damit um? Aus der Vergangenheit Regeln für morgen aufzustellen, ist keine Lösung. Es gibt nicht bloß den einen Weg. Suche nach dem optimaleren Weg. Amel Karboul spricht vom ›Granatapfel-Denken‹. Der Granatapfel hat nicht einen Kern, sondern Hunderte.

Die digitale Revolution, die unser Leben nachhaltig verändert, greift in alle Lebensbereiche ein. Neu ist die breitgefächerte Dimension des Wandels, der sich im Alltag immer mehr ausbreitet.

Ein jeder Mensch wird in ein kulturspezifisch-soziales Ambiente hineingeboren und wächst in einem beseelten Beziehungsraum auf. Zu welchem Lebensstand der junge Mensch auch gehören mag, er hat irgendwann seinen Feldweg[8] zu gehen. Dabei wird er sich häufig die Frage stellen: »Was soll ich aus meinem Leben machen?«

Jeder geht seinen Feldweg denkend und suchend, arbeitend und sich sorgend. Er ist mühselig, beschwerlich, steinig, offen, tränenreich, verunsichernd, aufregend oder schicksalhaft, aber auch heiter, erfolgreich, komplex, lehrhaft, faszinierend oder verbindend. Er kann auch saharatrocken, staubig, aufgeweicht, überschwemmt, unbefestigt oder sogar schwankend, sumpfig oder ängstigend sein. Angst vergällt. Geh deinen Weg! Sei offen und neugierig! Richte dich weltwärts! »Rühr an die Welt«, sagt Ilma Rakusa kurz und bündig. Doch im Leben gibt es Höhen und Tiefen. Entscheidend für die Bewältigung ist dann, ob ich Hilfe finde, ob ich Familie oder Freunde habe, die in diesen Augenblicken da sind. Das Leben ist nun einmal kein Selbstläufer.

Der geistige Auftrag des Menschen als natürliches Wesen entspringt der Selbsterhaltung. Der Mensch sucht sich selbst. Er ist bestrebt, er selbst zu werden. Er tut Dinge, die ihn erbauen und fördern. Er wägt Gründe für sein Handeln ab, da das Gewissen, die Stimme der praktischen Vernunft ihn leitet, die wiederum die Realität rigoros aufzeigt. Wenn gehandelt werden muß, hat der Mensch zu entscheiden. Und sein Handeln resultiert in positive oder negative Ergebnisse, wobei eine moralische Asymmetrie nicht zu leugnen ist. Gründe haben immer normativen Charakter. Dabei kann das Alltagsgeschehen nicht ausgeklammert werden. Denn der Fluß der Zeit ist in der Gegenwart verankert, in der die Entscheidungen anstehen.

Die Beschreitung des Feldweges heißt sein eigenes Lebensziel zu verwirklichen, ohne jemals die Vollkommenheit zu erreichen. Manchmal ist es ratsam, kleinere Schritte zu machen, ohne dabei das Ziel aus dem Auge zu verlieren. Das Leben läuft nicht immer so wie geplant. Des öfteren sind es die Zufälle, das Um-die-Ecke-denken und die Umwege, die uns geradewegs wieder zum erhofften Ziel führen.

Das Leben kennt keinen Nullpunkt. Der Alltag legt das Fundament für das Leben, das der Einzelne im Rahmen seiner Möglichkeiten mitprägt. Bei dem einen bestimmen Arbeit und der Kampf ums Überleben den ganzen Tag, bei dem anderen ist Arbeit nur eines von vielen Dingen. Die Erwerbstätigkeit zieht Seßhaftigkeit oder nicht selten Wanderschaft nach sich. Das bedeutet oft Getrenntsein für die Familie, die dann so manche Unwirtlichkeit durchzustehen hat. Bedingungsloser Einsatz während der Arbeitszeit wie auch in der Freizeit steht gleichfalls auf der Tagesordnung.

Das Gefühl des Verpflichtetseins zum Beispiel für Menschen in Not braucht Unabhängigkeit in der persönlichen Lebensführung. Also die Freiheit, mich anderen Menschen zuwenden zu können, wenn ich meiner eigenen Position im sozialen Koordinatensystem und im Umfeld sicher sein kann. Der Staat organisiert öffentliche Güter. Darunter fällt auch das Gut ›Sicherheit‹. Wird es gewährt, nimmt man es kaum wahr. Es ist zwar dann eine realisierte Normalität, die eine wichtige Ressource im sozialen Zusammenspiel beim Aufbau und bei der Vermehrung des Sozialkapitals darstellt. Bürgerlicher Einsatz hat dort dann bessere Chancen. Engen sich jedoch die persönlichen Handlungsspielräume ein, verringern sich Zuwendungen und sogar Emanzipation. All dies nagt am Sozialkapital. Unsicherheiten und Perspektivlosigkeit prägen immer noch die Menschheitsgeschichte, wenn auch von Gesellschaft zu Gesellschaft recht unterschiedlich. Soziale Sicherheit und Freiheit sind nun einmal prägende Wirkfaktoren.

Die Normalität im Rollenmuster der Familie hat sich in unserer Gesellschaft verändert, die Gelassenheit ebenfalls. Ohne Geldsorgen schläft man ruhiger und lebt sorgenfreier. Der Wohlfahrtsstaat hat bereits vieles ermöglicht. Dennoch sind die Anforderungsprofile an junge Eltern übermäßig gewachsen. Es ist der Rollenstress mit Blick auf die Erziehung des Kindes und das Streben nach Selbstverwirklichung der Erwachsenen. Trotz alledem kommt es vor allem bei den Müttern zu einer Zerrissenheit. Familie wird dann zur Belastung, ist Ort der Auseinandersetzung und Konfliktbewältigung. Aber nicht nur. Familie ist auch Halt, Kraftquelle und Rückzugsort.

Ist der Einzelne noch ein Funktionär in Politik, Wirtschaft und Gesellschaft, werden von ihm Standfestigkeit, klarer Durchblick, Redlichkeit, nüchterner Pragmatismus, Glaub- und Vertrauenswürdigkeit wie auch schnörkelloses Gebaren erwartet. Der Bürger soll spüren: Hier ist und handelt einer, der weiß, wovon er spricht. Für seine Überzeugung eintreten, nie nach dem Mund anderer reden, sein Gewissen befragen – all dies macht ihn zum Vorbild.

Funktionärssein erfordert verantwortlich und gewissenhaft zu handeln. Im Volksmund heißt es: »Ein gutes Gewissen ist ein sanftes Ruhekissen.« Gier nach Mammon und Besessenheit danach richten Unheil an! John Milton drückt es so aus: »Wer in sich selbst herrscht und seine Leidenschaften, Begierden und Ängste im Zaun hält, ist mehr als ein König.« Es geht um korrektes Verhalten. Menschliche Nachhaltigkeit ist vom Wechselspiel und der Integration zwischen Moral und Salär charakterisiert, unternehmerische Nachhaltigkeit pendelt zwischen Moral und Gewinn.

Feigheit, Weggucken, Gleichgültigkeit und Unbekümmertheit gehören zu einem gravierenden Fehlverhalten. Der Westen wie auch die Welt nehmen die gewaltigen Vertreibungen und Verfolgungen hin. Warum traut man sich nicht, das Schicksal der Verfolgten zu thematisieren? Dieses Verhalten wird sich noch rächen! Allein schon der Exodus im Orient als Beispiel genügt.

Wie das Universum expandiert, so erhofft man sich, daß auch der winzige Innen-Raum so erstrahlt, wenn man diesen innerlich bejaht. Betrachte ich aus dem kleinen Fenster meiner bescheidenen Hütte in unserem Wohnort Brenden auf dem Bergrücken, einem Ort des Aufbruchs zu Verstehensfragen der jeweiligen Moderne, die geheimnisvollen, in ihrem Beschaffensein instabilen Galaxien, erzittert das Innerste meines Da-Seins.

Die Frage »Existiert Gott?« kann ich als einfacher Mensch aus tiefster innerer Überzeugung nur bejahen. Es ist nicht einfach, den Weg zum Glauben zeitlebens durchzustehen. Denn wir zeigen allzu oft menschliche Schwächen und verfallen Verlockungen, ideologischen Schmeicheleien, ja sogar atheistischem Grübeln. Können wir wirklich ohne Gott unser Leben in Ordnung bringen? Hörst du seine Stimme? Hast du ein wenig Zeit für Gott? Sind wir nicht auf seine Gnade angewiesen? Der Glaube ist doch keine Torheit.

Der Mensch begreift den Raum als eine Dimension, der sich im Umfeld von Körpern und Dingen konstituiert. Die Erde ist seine Wohnstätte. Was können Sie zum Begriff ›wohnen‹ sagen?

Wohnen impliziert welthafte Räumlichkeit im Raum, auf der Erde unter dem Himmel mit anderen Menschen und bei den Dingen. Dort vollzieht der Mensch seine zeitliche Wanderung, die vielgestaltig, reich an Anpassungen und Wandlungen ist. So entwickelt sich aus längeren Aufenthalten in einem kleinen Bergdorf ein landschaftlich geprägtes Denken, ein geartetes Raum-Denken oder räumliches Denken. Ein denkendes Denken in einem Wohnort, der im überfließenden Weltgeschehen eine untrügliche Konstante ist.

Erdraum, Weltraum, Kosmos und Universum. Auf was hat die Menschheit auf ihrem Planeten zu achten?

Es gilt, die Natur zu bewahren und Rahmenbedingungen zu schaffen, die unser irdisches Da-Sein sichern. Dabei sind naturwissenschaftliche, auf Wirklichkeitserfahrungen gründende Erkenntnisse geistig zu verarbeiten und nach Verstehen entsprechend umzusetzen. Beherzigen wir Senecas Wort: »Nicht weil es schwierig ist, wagen wir es nicht, sondern weil wir es nicht wagen, ist es schwierig.«

In der Alltagssprache verwenden wir lieber den Begriff ›Welt‹ statt ›Raum‹.

O, ein Wunder, Sterne zu sehen! Im Lichte des Raumes unter dem Himmel zu leben! Dagegen meint ›Welt‹ etwas anderes. Denn Welt bedeutet nicht ein Stück Land, das zu einem größeren Ganzen gehört, sondern einen Geschehenszusammenhang, der sich aus vielen Lebenswelten menschlichen Wirkens zusammensetzt. Es vollzieht sich in ihnen ein Wandel an Konfigurationen und Strukturen im

Kontext spezifisch-historischer oder -kultureller Situationen. Die Welt ist in uns, wir erkunden und gestalten sie. Heidegger spricht vom faktischen Leben, das in seiner eigenen Welt lebt.

Wie läßt sich die Stellung des Menschen in der Lebenswelt deuten?

Die Griechen sahen im Menschen den Träger der Vernunft. Nach jüdisch-christlicher Tradition ist er ein Ebenbild Gottes, hat die Würde einer Person, kann glauben oder nicht-glauben, weil er imstande ist, Gott in Freiheit zu erkennen. Freiheit wiederum verstehe ich als ein Gewächs aus Vernunft und Willen.

Freiheit ist eine offene Dimension, die in den Menschen und in die Welt, in Innen und Außen hineinwirkt. Sie steht in Zusammenhängen und zu ihr gehört Distanz, damit sich Freiheit vom Handeln und zum Leben verwirklichen läßt. Ist Freiheit gewährt, geschieht alles in Freiheit.

Freiheit wird uns nicht geschenkt, sondern der Mensch muß zur Freiheit erzogen werden. Es bedarf der Aufklärung, damit er erkennt, daß sie das höchste Gut ist. Das Geschehen, das Erscheinen und das Begegnen, vollzieht sich im Raum, der somit das Ur-Phänomen ist.

Was motiviert den Menschen im Arbeitsleben?

Motivation wird durch Begeisterung angeregt. Dafür stehen vier Faktoren im Vordergrund: 1. Sinnhaftsein der Arbeit, 2. Lob, 3. Erfolg und 4. Möglichkeiten des Vorwärtskommens.

Was braucht der Mensch zum Leben?

Für ein erträgliches Auskommen bedarf es vier Komponenten: 1. Gesundheit, 2. Mindesteinkommen, um die Grundbedürfnisse abzusichern, 3. Mut und Optimismus sowie 4. Aufnahme und Verbundenheit im sozialen Netzwerk.

Neben universellen Wünschen werden Bedürfnisse vom Ambiente oder künstlich kreiert. Weniger zu haben, gebiert Freiheit und mindert Angst. Man kann und könnte durchaus bescheidener leben.

Oft hört man in der Unterhaltung, daß Menschen von einem Zuhause sprechen ...

Das Zuhause ist, wo ich lebe. Ein Zimmer, eine Wohnung, eine Hütte, ein Zelt, eine Höhle, ein Haus, ein Ort, mein Leben, meine Familie, meine Berufswelt. Es ist der Heimatort, den wir hinter uns lassen, wenn wir verreisen, und zu dem wir zurückkehren, wenn die Reise endet. In diesem Inneren erfährt der Mensch seine räumliche Gegebenheit, zu der Sprache, Zeit und Freiheit gehören. Hier artikuliert sich Leben und gewinnt den Charakter einer offenen Textur.

Wohntrends aber zeigen, daß vieles auf Zeit angelegt ist: Arbeits-, Mietverträge, Partnerschaften usw. Die Trennung zwischen Innen und Außen mildert sich. Gedanklich sitzen wir auf gepackten Koffern, weil wir ›Drifter‹ werden.

Sie sprachen von Ihrer ›Hütte‹ im Bergdorf. Gibt es dort einen Raum zur Muße?

Ja, es ist das Panoramafenster hinter dem geschwungenen, halbovalen offenen Kamin, das den Blick in die Weite öffnet, in die Ferne mit den sanften Höhenlinien bis zum Himmelsrand. Da finde ich Muße, Einkehr und Einklang, Muße zum Schreiben, Lesen und zur Pflege von Geselligkeit.

Schön und gemütlich dürfte es dort sein...

Richtig, da können sich meine Augen erholen. Der offene, hohe Raum schafft eine behagliche Atmosphäre und läßt mich frei atmen. Ein

Wohlgefühl überkommt mich, weil ich mich gleichzeitig eingebunden fühle.

Der Mensch lebt im Geschehenszusammenhang des Alltags. Wie ist dieser zu verstehen?

Nach Heideggers ›Sein und Zeit‹ ist das menschliche Tun oder Lassen der Herausforderung der Sorge um sich selbst ausgeliefert. Da-Sein heißt aber auch Mit-Sein. Es hat sich daher unter die Kategorie der elementaren Verantwortung zu stellen. Das besagt, daß der um seine Selbstsorge besorgte Mensch ›anständig zu handeln‹, der Unternehmer ›anständig zu wirtschaften‹ und der Politiker ›anständig zu haushalten‹ hat. Ein Beispiel aus der Gegenwart: Die Staatsschuldenkrise mit ihren weitreichenden Folgen! Um sich klarzumachen, wie der Anspruch der Verantwortung einzulösen ist, müssen wir in der Welt halt so leben, als ob es kein Gericht gäbe.

Verantwortung[9] ist und bleibt das Wesensmerkmal unseres alltäglichen Handelns. Denn wir sind für die Geschichte und vor der Geschichte verantwortlich. In das Geschehen oder in Ausübung unserer Tätigkeit können wir nur in Freiheit und aus der Freiheit heraus eingreifen oder es bewältigen. Das heißt, daß wir uns stets das Ur-Vorhandensein von Gut und Böse vor Augen halten müssen. Dieser Ur-Unterschied von Gut und Böse ist das Leitmerkmal der Beurteilung und Auslegung. Nur weil es das Böse gibt, ist eine Maxime erforderlich, wobei sich das Böse lediglich umschreiben läßt.

Das Gute ist nie von selbst da, sondern es ist uns stets als das zu Verwirklichende aufgegeben. Das Handeln eines jeden Einzelnen wirkt sich folglich in seinem ›Wie‹-Sein aus, schreibt somit seine Vita.

Wie interpretiert Dante das Böse in seiner ›Divina Commedia‹?

Die Hölle hat die Form eines Trichters, dessen Spitze bis zum Erdmittelpunkt reicht. Zu diesem Punkt hin nimmt die Sündenschwere[10] zu, so daß verständlicherweise dort des Teufels Heim zu suchen ist. Nach Dante ist der Teufel in eine außergöttliche Region, in eine Anti-Sphäre verbannt. Er trägt Züge der Negativität und stellt sich als Gewährsmann selbstreferentieller Intelligenz dar, die wir gegenwärtig in vielen systemischen Egoismen in den verschiedensten Lebenswelten erleben. Menschenreich bleibt Menschenreich. Nicht umsonst heißt es im Volksmund:»Es menschelt!« Oder mit anderen Worten: Vergeblich ist die Hoffnung, der Mensch könne jemals einen Zustand des Nachdenkens und der Verinnerlichung erreichen, der ihn resistent gegen Bazillen oder immun gegen das Malum schlechthin macht.

Daß Dante dem Verdammten je nach Ausmaß des ›Wie‹-Seins des Menschen eine unterschiedliche Rangstufe und somit je nach Grad seiner Bosheit einen bestimmten Ort in der Hölle zuweist, ist eine erstaunlich geistige Innovation. Daß Dante dem Teufel als Personifikation des Bösen die Erde zum Mittelpunkt als Wirkungsstätte zuweist, ist ebenfalls innovativ.

Am Ende seiner Göttlichen Komödie verläßt er mit Vergil den Höllenraum:»Dann traten wir hinaus und sahn die Sterne« (*E quindi uscimmo a riveder le stelle*).[11]

Erdrotation. Ein Drehimpuls sorgt dafür. Dante weiß dafür die Quelle der Triebfeder:»Die Liebe bewegt die Sonne und die anderen Sterne« (*L'amor che move il sole e l'altre stelle*).[12]

Gutes und Böses, Licht und Dunkel liegen dicht beieinander. Beides bleibt in der Welt existent. Die Menschen in ihren Lebenswelten, die Träger unveräußerlicher Rechte sind, verändern sich nicht. Ohne Moral wäre das Weltgeschehen dem Teufel preisgegeben.

ZUM VORIGEN. Todsünde und Neid: Die Bibel erzählt die Geschichte von Kain und Abel. Im Buch Mose wird Kain als der erste Mörder

der Menschheitsgeschichte gebrandmarkt. Er erschlägt seinen Bruder Abel aus Neid, weil er meinte, daß Gott ihn bevorzugt. Hesiod (um 700 v. Chr.) schrieb:»Der Töpfer grollt dem Töpfer, der Zimmermann dem Zimmermann, es neidet der Bettler dem Bettler und der Sänger dem Sänger.«

Man kann dem Neid zudem noch einen positiven Aspekt abringen. Er ist Motivator. Wer neidet, der fühlt sich in der Regel herausgefordert. Die Natur des Menschen äußert sich darin, sich mit Mitmenschen zu vergleichen. Natürlich sind in welcher Gesellschaft auch immer Menschen nie gleich. Denn Gaben und Güter sind in unserer Welt nie gleich verteilt. So heißt es im Volksmund:»Mitleid bekommt man geschenkt, Neid muß man sich verdienen.« Neid ist und bleibt ein Gradmesser, was einer Gesellschaft von Bedeutung ist, was sie für erstrebenswert hält.

AM RANDE. Ist es möglich, gedankenlos etwas Böses zu tun? Kant spricht von ›bösem Herzen‹. Dies geschieht dann, wenn Menschen Verstand und das Jetzt moralischer Standards ausblenden, moralische Bemühungen bei der Abwägung unterlassen oder durch Berufung auf Nichtwissen eine Selbstimmunisierung vollziehen. Moral beginnt bei uns mit unseren Denkungsweisen, denen wir uns hingeben. Sind wir nicht aufgefordert, auf die Maxime der Stimmigkeit des Gewissens zu hören?

6. Unsterblichkeit – ein Mythos

In Märchen, Legenden oder Heldenepen zu forschen, ob Aufschlüsse über religiöse, kulturgeschichtliche oder politische Sachverhalte zu erkennen sind, ist ebenso spannend wie schwierig. Nehmen wir als Beispiel den reichhaltigen Mythenschatz der Sumerer. Zu den großen Hochkulturen des Alten Orients gehören neben Sumer Babylon, Ägypten, Dilmun und das Industal.

Zu erwähnen ist der Kultort Eridu des Schöpfergottes Enlil, der nach der Sintflut vom Himmel herabkam, um ein Königreich zu schaffen. Eridu – in Süd-Mesopotamien gelegen unterhalb des Euphrats – war der Ort der Weisheit, der Heilkunde, der Künste und des Handwerks. In den Mythen finden sich auch Andeutungen über seinen Verfall. Es war die Göttin Inanna, die die Geheimnisse des Aufstiegs von Eridu in ihre Stadt Uruk brachte, die schnell mächtig wurde. In der sumerischen Königsliste von Uruk wird Gilgamesch geschichtlich erwähnt.

Das früheste Epos des Alten Orients ist der assyrisch-babylonische Mythos ›Gilgamesch‹[13], der uns in Keilschriftbruchstücken vorliegt und ins 27. Jahrhundert v. Chr. zu datieren ist. In dieser Dichtung ist die Rede von dem Land Dilmun, das als Gebiet die Golfinsel Bahrain und das benachbarte Festland zwischen Kuwait und Oman umfaßte. Dort lebte Utnapischtim, den die Götter vor der Sintflut retteten und ihm Unsterblichkeit verliehen. Im Gegensatz zu der babylonischen Version wird Utnapischtim in der sumerischen Version durch Ziusudra[14] ersetzt.

> Anu und Enlil liebten Ziusudra,
> Leben wie einem Gott geben sie ihm,
> ewigen Atem wie einem Gott
> bringen sie für ihn herunter.

Dann hießen sie Ziusudra, den König,
den Bewahrer des Namens der Pflanzenwelt
und des Samens der Menschheit,
wohnen im Land des Übergangs,
dem Land Dilmun,
dem Ort, wo die Sonne aufgeht.

Das Epos beschreibt in der achten Tafel den Tod seines Freundes Enkidu. Sechs Tage und sechs Nächte beweinte Gilgamesch ihn und begrub ihn erst Tage danach, »zu Erde geworden ... wie der Lehm des Landes geworden! Werde nicht auch ich wie er mich zur Ruhe legen müssen und nicht wieder aufstehen in alle Ewigkeit?« Die Furcht vor dem Tod kommt in der neunten Tafel zur Sprache. Von Weh geplagt will »ich über die Steppe eilen. Zu dem mächtigen Utnapischtim, der ewiges Leben erfunden hat, nehme ich jetzt den Weg.«

Zu Fuß bis dort! Ein tollkühnes Unterfangen. Immer wieder war Gilgamesch gefährdet. Doch das Motiv war zugleich sein Antrieb, die Reise mit großem Risiko auf sich zu nehmen.

Im Epos wird in der zehnten Tafel die Begegnung zwischen Utnapischtim, dem einzigen Menschen, dem Unsterblichkeit verliehen war, und Gilgamesch, dem halbmythischen König von Uruk, zwei Drittel von göttlicher, ein Drittel von menschlicher Art, berichtet. Von dem Überlebenden der Sintflut erfährt er die ganze Geschichte:

Die Götter hätten eines Tages beschlossen, die Menschheit zu vernichten. Enki, der Gott der Wasser, warnte und ersuchte Utnapischtim nachdrücklich, eine Arche für seine Familie und Tiere zu bauen. Sechs Tage und sechs Nächte wütete der Sturm und Wasser schwoll in dieser Zeit gewaltig an. Erst am siebten Tag strandete die Arche auf einem Bergrücken. Eine Taube und danach eine Schwalbe flogen hinaus, um zu erkunden, ob das Wasser gesunken sei. Doch beide kehrten zurück. Später wurde ein Rabe freigelassen, der nicht mehr zurückkam. Land war in Sicht. Im Hinblick darauf verließ Utnapischtim mit seiner Familie und allen Tieren die Arche, brachte den Göttern ein Opfer dar und dankte ihnen.

Enki bat Enlil, den Schöpfergott, um Verständnis, die Menschheit nie wieder wegen einiger Sünder zu bestrafen. Tief berührt von dieser Bitte begab sich Enlil zu Utnapischtim und seiner Frau, segnete sie und sprach: »Bisher war Utnapischtim ein sterblicher Mensch, jetzt soll Utnapischtim und seine Frau uns gleich sein und Utnapischtim soll in der Ferne wohnen am Meere da, wo die Ströme münden.«

Nach der Schilderung über den Ausgang der Rettung vor der Sintflut und über die Erhebung in den Stand der Unsterblichkeit kommt Utnapischtim auf das eigentliche Begehr seines Besuchers zurück und gibt Gilgamesch Hinweise, wo und wie er die Wunderblume finden könne, die nur hier in den Gewässern auf dem Meeresgrund wächst. Mit Steinen an den Füßen könne er rasch in die Tiefe sinken und sie auf dem Meeresboden pflücken. Wenn er sie dann sofort äße, erhielte er die Unsterblichkeit.

Gilgamesch befolgt Utnapischtims Rat, beschließt aber die Zauberblume mit heimzunehmen, um sie mit den Ältesten seiner Heimatstadt Uruk zu teilen. Unterwegs auf dem Heimweg ruht er sich von den Strapazen aus und schläft ein. Eine Schlange kriecht heran und verschlingt die Blume.

Das ewige Leben, das Gilgamesch sich ersehnte, ward verloren. Er blieb von nun an Mensch, eingewurzelt in Ort und Zeit, in die Phasen menschlichen Lebens.

Das eigentliche aufbrechende, metaphysische Erregtsein und das Bewußtwerden der Sehnsucht nach Unsterblichkeit geschah durch den Tod seines engsten Freundes Enkidu. Erst mit seinem Fortleben, dem Überleben des Alter Ego erfährt Gilgamesch die Furcht vor dem Tod. Nicht umsonst hatte das Gilgamesch-Epos eine Hochblüte der Überlieferung vom 27. bis zum 5. Jahrhundert v. Chr.

Gilgamesch sucht Rat bei Utnapischtim, der zu ihm spricht:

> »Warum sind deine Wangen so abgezehrt? Warum ist deine Stirne düster gefaltet? Warum ist so betrübt deine Seele und gebeugt deine Gestalt? Warum ist Weh in deinem Herzen? Wie ein Wandrer ferner Wege siehst du aus. Von Sturmwind und Sonne bist du gebräunt ... Warum bist du von weither über die Steppe geeilt?«

Nun antwortet Gilgamesch:

> »Warum sollen nicht abgezehrt sein die Wangen, nicht die Stirne düster gefaltet? Wie sollte nicht meine Seele betrübt sein und nicht gebeugt meine Gestalt? Wie sollte nicht Weh sein in meinem Herzen? Wie sollte ich nicht einem Wandrer ferner Wege gleichen? ... Wie sollte ich nicht weit hinweg über die Steppe forteilen? Mein junger Bruder, der Panther der Steppe, Enkidu, mein junger Freund, der alles vermochte, daß wir den Zedernberg erstiegen, daß wir den Himmelsstier packten und schlugen...
> Mein Freund ... Enkidu, den ich liebte, ... ihn erreichte der Menschen Geschick. Sechs Tage und sechs Nächte weinte ich um ihn und legte ihn nicht in ein Grab. Ich lernte den Tod fürchten, so eilte ich über die Steppe dahin.
> Das Schicksal des Freundes lastet so schwer auf mir. Darum komm ich von Ferne her, hinter mir habe ich einen weiten Weg. Wie soll ich es nur verschweigen? Wie soll ich es nur hinausschreien? Mein Freund, den ich liebe, ist Staub geworden. Enkidu, mein Freund, ist wie der Lehm des Landes geworden!

Werde nicht auch ich wie er mich zur Ruhe legen müssen und nicht wieder aufstehen in alle Ewigkeit?«

Von einer Freude auf eine Wiederbegegnung im Himmel ist im Epos nicht die Rede. Heldenhafte Freundschaft, schmerzlicher Tod und anschließend die Reise, um das Wunderkraut der Unsterblichkeit zu erlangen, finden eine unvorstellbare Resonanz im damaligen Lebensraum. Das Epos ist immer wieder von neuem erzählt worden, da seine epischen Bilder faszinieren und den Zuhörer in Bann ziehen.

ZUM VORIGEN. Der Mythos von Tod und Auferstehung, der den Menschen erst 3.000 Jahre später verkündet worden ist, knüpft an das Geschehen der Natur. Die Wiederkehr der Jahreszeiten sowie den Wechsel von Tag und Nacht und von Ebbe und Flut versuchten die sumerischen Priester in einer Kulthandlung zu symbolisieren. Inanna – babylonisch-assyrisch Ischtar – spielt als sterbliche Göttin der Gegensätze im sumerischen Ritual der heiligen Hochzeit eine nicht unwesentliche Rolle. Sie war mit dem Hirten Dumuzi vermählt. Während sie wieder in der Unterwelt verweilte, um sich deren Herrschaft zu bemächtigen, trauerte Dumuzi viel zu wenig um sie. Nach Rückkehr aus der Unterwelt verstieß Inanna ihn dort hinab. Sie erkannte jedoch bald, daß sie ihren Liebesdurst ohne den Hirten nicht stillen konnte. Daher blieb Dumuzi nicht ständig Gast in der Unterwelt und kehrte im Frühjahr zurück, um die Auferstehung der Natur in Form einer Hochzeit zu feiern, während er im Herbst nach der Erntezeit wieder in die Unterwelt hinabstieg. Das war der Grund, warum die Sumerer im Frühjahr ein Fest zu Ehren des göttlichen Wiedersehens von Inanna und Dumuzi symbolisch in Form der heiligen Hochzeit zwischen dem jeweiligen König und der Oberpriesterin veranstalteten, ein Kultfest, das mit großem Prunk jährlich begangen wurde.

AM RANDE. Gilgamesch, König von Uruk, versah die Stadt – nord-
westlich von Eridu oberhalb des Euphrats – mit einer Mauer von
fast neun Kilometern Länge, bestückt mit 900 Wehrtürmen. Diese
erstmalige trutzige Befestigungsanlage verschaffte den Bewohnern
Sicherheit und Ordnung innerhalb eines signifikanten Erstgroß-
innenraums, der sich selbst zu regieren, zu versorgen und zu nähren
hatte. Diese Bewältigung bedingte ein ungeheuerliches Ausmaß an
geistigen und körperlichen Anstrengungen.

Auch die Götterwelt veränderte sich in Uruk. Neben fremden
Göttern wurden die eigenen Götter zu Großgöttern, die Antwort auf
Huldigung einforderten. Die Bewohner versetzten sich in ihren Er-
wartungshorizont und trugen mit ihnen die Realität des ungewohnt
Großen. Verwaltungsmäßig selbständig wurden die Außengrenzen
verlegt und neu gezogen. Es entstand eine ›animierende‹ Stadtkultur.

Die Komplexität des Alltagsgeschehens verlangte eine formatierte
Übersichtlichkeit, die zur geschichtlichen Tragweite aufgrund eines
bisher noch nicht dagewesenen politisch-sozioökonomischen Form-
prozesses führte. Werdegang einer Dorfgemeinschaft zur ›Groß-
Stadt‹. Die Ummauerung als Befestigungstechnik verbreitete sich
seit 2700 v. Chr. im gesamten Vorderorient und prägte mesopotami-
sche und persische Stadtkulturen.

7. Religionen

7.1 Die Religion der Iranier[15]

Aus der ältesten religiösen Literatur, der Awesta mit seinen 21 Büchern, von denen nur das Gesetzbuch Videvdat erhalten ist, gibt es keine zeitlichen Anhaltspunkte über das Leben des Propheten Zarathustra (2. oder 1. Jt. v. Chr.). Außerdem sind 17 von ihm größtenteils selbst verfaßte Verspredigten in den Gathas zusammengefaßt vorhanden, stellen aber nur einen Bruchteil seiner Verkündigungen dar.

Das Videvdat handelt von Yima, dem Herrscher des Paradieses und Helden der Flutsage, und das 19. Kapitel von der Versuchung des Propheten durch den bösen Geist.

Ahura Mazda, der Schöpfer der Welt und aller Dinge, ruft seine Mitgötter und nur die guten Menschen zusammen und teilt ihnen in der Versammlung mit, die schlechte Welt mit einem sehr frostigen Winter, mit Schnee und danach mit verheerenden Überschwemmungen zu überziehen und erteilte zugleich den Auftrag, zur Rettung eine dreistöckige Burg (Vara) zu bauen. All dies erinnert an die babylonische und spätere biblische Flutsage.

Zarathustra versuchte, die Naturreligion mit ihrer großen Anzahl von Göttern und allerhand Bräuchen, die sich noch lange in der Bevölkerung hielten, zu unterbinden, um den Kult um Ahura Mazda als den ›Herrn‹ einzuführen.

Unter den vielen religiösen Vorstellungen greifen wir die Verehrung des Feuers (*atar*) heraus, die der Priester in Form einer Opferfeier unter Gebeten und Lobpreisungen zur Verherrlichung der Götter vollzieht, sobald es leuchtet. Im häuslichen Bereich ehrte man Atar als ›Hausherrn‹ in kultischen Handlungen. Es wird von ihm berichtet, daß er beim Gastmahl jeden Gast beäugte, was dieser dem Gastgeber, was der Freund dem Freunde mitbringt.

Es war eine neue Heilsbotschaft, die der Prophet verkündete, die keinen Raum mehr für Mythen und Hymnen ließ. Ahura (›Herr‹) Madza (›weise‹) ist der Schöpfer, der im unendlichen Licht thront, der das Einzelwesen, den Menschen schafft, das individuelle Selbst und die Geisteskraft, der das Gute und das Böse unterscheidet, dem Guten das gute Geschick, dem Bösen das böse Geschick zuweist. Der Fromme hat Anspruch auf die Freuden des Paradieses, nimmt teil an der Gemeinschaft mit Vahista Manah dort. Dagegen stürzen die Bösen in die Tiefe der Hölle. Auf der Brücke trennen sich die Verstorbenen.

Die Vorstellung von der schicksalhaften Begehung der Brücke haben das spätere Judentum und der Islam übernommen. Ahura Mazda packt der Zorn, ist aber auch ein Gott der Barmherzigkeit. Er überläßt dem Menschen, Gutes zu tun. Für sein Handeln trägt er jedoch allein die Verantwortung, auch dafür, daß er jederzeit das Böse abwenden kann.

Im mittelpersischen Bundahišn wurde Ahura Mazda durch Ohrmazd ersetzt, dessen Gegenspieler Ahriman ist, der in der Tiefe seine Wohnstätte hat und auf Erden Zwietracht sät.

Dann kommt es zu einer gewaltigen Zäsur. Der Erlöser erscheint. Es folgt die Auferstehung der Toten, dann das große Gericht, das dem Gottesreich vorangeht. Ohrmazd triumphiert über Ahriman, die Hölle als Ort des Schreckens hört auf zu sein und für die Guten bricht eine zeitlose Seligkeit im Reich Gottes an.

Die eschatologischen Hoffnungen nehmen einen großen Platz in der Lehre Zarathustras ein. Die Texte der jüngeren Awesta und mittelpersische Schriften beschreiben das Schicksal der Seele nach dem Tod. Sie verbleibt drei Nächte lang neben dem Kopf des Verstorbenen. Mit Beginn des vierten Tages erscheint der Seele des guten Menschen ein wunderschönes Mädchen, des bösen Menschen jedoch eine häßliche Frau als Spiegelbild seines Inneren, so wie er im Leben gehandelt hat.

Nebenbei bemerkt spaltet sich die Tierwelt ebenfalls in zwei Lager auf. Hund und Hahn gehören zu den guten Schöpfungen, dagegen Schlangen, Frösche, Ameisen und Fliegen zu den Schädlingen.

AM RANDE. Feuer war schon damals ein Wundermittel und kostbar. Auf dem Forum Romanum erlosch das Feuer der Vesta im Jahr 394 n. Chr. und die letzten Vestalinnen verließen den Tempel. Reste des Rundtempels stehen noch, in dem Tag und Nacht ein Feuer brannte, für alle sichtbar das Staatsfeuer. Im Tempel kümmerten sich vier, dann sechs und später sieben vestalische Jungfrauen, die die einzige weibliche Priesterschaft in Rom bildeten, um die ewige Flamme.

Die *virgines Vestalis* unter der Leitung einer Oberin (*virgo maxima Vestalis*) sollen vom zweiten König Roms, Numa Pompilius (715-673 v. Chr.), ausgesucht und für den Dienst eingestellt worden sein. Die Mädchen mußten aus ehrenhafter und angesehener Familie stammen, frei, körperlich und geistig ohne Makel sowie nicht jünger als sechs und nicht älter als zehn Jahre sein. Erst nach dreißigjähriger Erfüllung des Dienstes stand es der Vestalin frei, eine Ehe einzugehen. Nur ganz wenige machten von diesem Recht in einem Zeitraum von ungefähr 750 Jahren Gebrauch.

Zur Vestalin erkoren, stand sie nicht mehr unter der väterlichen Gewalt, sie konnte über ihr Vermögen frei verfügen, durfte als Zeugin auftreten und nicht einmal der Pontifex Maximus konnte sie entlassen. Einzig im Falle der Unkeuschheit (*incestum*) wurde sie zum Tod durch Beerdigung bei lebendigem Leib verurteilt. Neben der Kaiserin durfte die Vestalin in der Stadt auf einem Wagen fahren. Wenn sie zu Fuß durch die Straßen und Gassen ging, mußte ein jeder beiseite treten, selbst der Konsul. Sie war in Begleitung eines Liktors mit einem Rutenbündel, der vor ihr herschritt.

Vesta, die Tochter des Saturn und der Ops, war die allerälteste Göttin. Es gab kein Bild von ihr im Tempel, da sie sich im ständig brennenden Feuer des ›Staatsherdes‹ manifestierte. Der Kult der Vesta war staatstragend und für den Bestand des römischen Staatswesens lebenswichtig. Die Nähe und Anwesenheit der Göttin durch die ständige Präsenz der Priesterinnen untermauerte und diente der politischen Legitimation.

Ihre Pflichten umfaßten unter anderem:
- das immerwährende Heilige Feuer zu unterhalten,
- Testamente und Staatsverträge treuhänderisch aufzubewahren,
- täglich das Gebet für das Wohl des Römischen Volkes (*pro salute populi Romani*) zu verrichten und das Speiseopfer aus einfachen Nahrungsmitteln zubereitet darzubringen,
- vor Beginn der Spiele im Circus Maximus, später im Kolosseum usw. den Segen der Göttin Vesta herbeizuflehen.

7.2 Die monotheistischen Religionen

Die drei großen monotheistischen Religionsgemeinschaften – das Judentum, das Christentum und der Islam – haben ihre Mission im Lebens- und Weltzusammenhang zu erfüllen. Mit Rücksicht auf die Fülle des Stoffs soll lediglich auf das Gottesbild und das Jenseits eingegangen werden. Dies deshalb, weil das Leben nicht etwas Vorgegebenes oder Vorherbestimmtes ist, sondern vom Vollzug in Form des Entscheidens und Gestaltens zu verstehen ist. Der Islam sieht es anders.

Der Mensch befindet sich inmitten der Diesseitigkeit, im Betrachten und Nachdenken sowie im Handeln als Lebensvollzug. Nicht von ungefähr setzt sich das Wort ›Da-Sein‹ aus ›Da‹, dem Gegenwärtigen, das schon Gewesenes weiterführt, und dem ›Sein‹, der Freiheit vom Handeln und als Freiheit zum Leben, zusammen. Nicht zu vergessen ist, daß Da-Sein aus dem Zeitverstehen heraus endliches Möglichsein ist. Die zeitliche Begrenztheit löst Fragen aus wie: Wer bin ich?, Was will ich?, Welche Ziele verfolge ich?, Worin liegt der Sinn des Lebens?, Brauche ich Gott?

Im Laufe des Lebens begegnet dem Menschen immer häufiger der Tod. Irgendwann hinterfragt er: Was kommt nach dem Tod?

7.2.1 Das Judentum

Für die in der syrisch-arabischen Steppe nomadisierenden Hirtenstämme ist die Stammesorganisation als Blutsverband maßgebend. Die Familie ist Teil einer Sippe, die einem Clan angehört. Mehrere Clans bilden einen Stamm, der als Träger der Religion einen Gott verehrt und eine Schicksalsgemeinschaft bildet.

Im Alten Orient hatten Gottheiten heilige Plätze oder Orte auf der Erde. So beherbergten der Sinai oder der Karmel im 9. Jahrhundert v. Chr. ein Baal- und ein Jahweheiligtum.

In der Hebräischen Bibel wird Gott mit den Buchstaben JHWH umschrieben. Mose auf dem Weg zu seinen geplagten Brüdern, die unter dem Pharao Ramses II. (1292-1225 v. Chr.) Frondienste leisteten, vernahm am Berg Sinai eine Stimme:»Ich bin Jahwe, dein Gott, will die geknechteten Hebräer befreien und in die Steppe zurückführen.« Nach dem geglückten Auszug aus Ägypten erkannte Mose, daß Jahwe mächtiger war als alle anderen Götter. Daraufhin schlossen sich die Wanderstämme zu einem festen Stammesverband zusammen und bekannten sich zu Jahwe, dem Gott Israels.

Der Name Jahwe wurde nie ausgesprochen und verwendet. Die Bibel ersetzte Gott durch ›mein Herr‹ (*adonai*). Darüber hinaus verlieh man ihm Titel wie ›Der Barmherzige‹ (*Ha-Rachaman*), ›El‹ oder ›Eloa‹ für Gott, meist in zusammengesetzter Form, der sich im arabischen Raum als ›Allah‹ erhalten hat. Daß Gott wie ein Vater im Alten Orient verehrt wird, hat das ›Vater unser‹ als jüdischen Begriff beschert. Der Weg zu Gott aber führt über seine Offenbarung, die Tora mit den fünf Büchern Mose als Kernstück, die dem Menschen zum besseren Verständnis des Alltagsgeschehens und als Leitlinie zur Errichtung des Reiches Gottes auf Erden dient.

Mit der Kapitulation Jerusalems im Jahr 597 v. Chr. flohen viele Juden nach Babylonien in das Euphratland und kehrten erst wieder im Jahr 444 v. Chr. mit dem Schriftgelehrten Esra in ihre alte Heimat zurück und begründeten das Judentum. »Wer immer von euch aus seinem ganzen Volk stammt – sein Gott sei ihm –, ziehe nach Jerusalem hinauf, das in Juda liegt, und baue das Haus des Herrn, des Gottes Israels. Er ist der Gott, der in Jerusalem wohnt« (Esr 1,3). Das recht kleine Staatswesen stand unter dem Schutz persischer Oberherrschaft.

In der Tora (Gen 2,9) heißt es, daß im Paradies der Baum des ewigen Lebens in der Nähe des Baums der Erkenntnis, die dem Menschen seine Sterblichkeit verkündet, steht. Der Leib wird zur Erde, der Geist findet Aufnahme bei Gott (Koh 12,7). Dies besagt ein Weiterleben im Jenseits.

Nach jüdischem Verstehen bedeutet Tod nicht das Ende des Menschen. An dieser Schwelle entschwindet die Seele aus dem Körper und existiert unabhängig von ihm weiter. Zu dieser Vorstellung kam es durch den Einfluß fremder Kultformen, da die Juden in alle Winde zerstreut waren. In der Ferne assimilierten sie Gedanken vom nahen Ende der Welt, vom Gericht und von Engeln, die dem Gott unterstellt sind. Die Verkündigung der alten Propheten, daß für Israel der Untergang bevorstehe, führte zu der Meinung, daß Gottes Herrschaft mit der Herrschaft Israels identisch sei. Daher ist von einer Endzeithoffnung in den Apokalypsen nicht die Rede. Ebenso wird nicht näher auf das Himmelreich eingegangen.

Die Fremdeinwirkung anderer Kulturen durchflutete die religiösen Vorstellungen, die sich im babylonischen Talmud widerspiegeln, der um 600 n. Chr. abgeschlossen und im Mittelalter durch Kommentare ergänzt wurde.

Unsterblichkeit der Seele und Auferstehung des Menschen in der messianischen Zeit blieben nicht ohne Einfluß auf die Glaubenslehre, wobei man letztere Erwartung zunächst mit dem Volk Israel verknüpfte, später aber mit allen Völkern, letztlich mit jedem Menschen. Das Problem des Zerfalls des Körpers bis zur Auferstehung löste man zu diesem Zeitpunkt mit der Vorstellung, daß Gott die Gebeine mit neuem Fleisch versah oder anhand eines ›Unsterblichkeitsknochens‹ im Rückgrat den Körper wiederbelebte. Trifft keine von beiden Annahmen zu, wäre das Auferstehungswunder umso unbegreiflicher. In diesem Fall verläßt zwar die Seele beim Tod den Körper, vereinigt sich aber im messianischen Zeitpunkt wieder mit diesem, um dann als Person weiter zu existieren.

Der babylonische Talmud spricht von der ›zukünftigen Welt‹, dem Himmel, dem Jenseits. Es heißt: »In der zukünftigen Welt gibt es weder Essen noch Trinken, noch Fortpflanzung und Vermehrung, noch Kauf und Verkauf, noch Neid, Haß und Streit. Vielmehr sitzen die Gerechten mit ihren Kronen auf ihren Häuptern und weiden sich an dem Glanz der Göttlichkeit« (bTBr 17a). Dies wird klar und verständlich, wenn man bedenkt, daß es im Himmel keine Menschengestalt in Körperform gibt.

Die Realität der Glaubenslehre kommt hier zu Wort. Die neuzeitliche jüdische Theologie entwickelt den Unsterblichkeitsgedanken weiter, verwirft jedoch die Auferstehung. Bibel, Talmud, Philosophie und die Lehren betonen die Bedeutung der Seele und ihren Weg zu Gott. Was fehlt, wenn die Seele fehlt? Wären wir dann nicht Tieren gleich?

Noch einmal: Jahwe ist der »König der Völker« (Jer 10,7) und »Schöpfer des Alls« (Jer 16) wie auch der »Schöpfer Israels« (Jes 43,15) – häufige Titel für Gott von den Propheten.

7.2.2 Das Christentum

Die Ausbreitung des Christentums beruht auf der Lehre Jesus' von Nazareth von der Freiheit aller Menschen vor Gott, von der Gleichheit der Geschlechter, der Gleichwertigkeit aller Menschen, der Nächstenliebe und der Hoffnung auf ein ewiges Leben im Jenseits nach dem Tod. Sie verstand sich als unmittelbare Offenbarung Gottes, als die wahre Wahrheit.

Vom ersten Augenblick an ist es ein Bekenntnis, das seinen Ursprung in der geschichtlich bezeugten Person Jesus' von Nazareth hat. Nicht von ungefähr ist es das schlichte Volk, das seine Lehre annimmt.

All dies kommt in der Bergpredigt zum Ausdruck. Es geht um die Seligpreisungen der Armen, Unterdrückten, Verfolgten, Barmherzigen und der am Rande Lebenden. Jesus lebte in der Welt, aber nicht mit ihr. »Solange ich in der Welt bin, bin ich das Licht der Welt« (Joh 9,5). Der Grundzug seines Wesens ist selbstlose Liebe zu Gottvater und den Menschen, seine Nächstenliebe in Tat und Wort (Mt 5,43-48). Er ist schlicht Vorbild für alle Menschen aller Zeiten auf Erden, in Raum und Zeit.

Die erste blutige Christenverfolgung unter Kaiser Nero (54-68 n. Chr.) hob das Christentum von den antiken Volks- oder Staatsreligionen im historischen Nachhinein ab. Der Märtyrertod der Apostel Petrus (St. Petrus-Basilika) und Paulus (Kloster Tre Fontane) in Rom im Jahr 67, die Zerstörung Jerusalems im Jahr 70 und die Bedeutung des Römischen Reiches machten Rom zum Mittelpunkt der wachsenden Christenheit. Das Imperium, das sich von Spanien bis an den Euphrat erstreckte und das Mittelmeer umschloß, bot die beste Chance für die universale Entwicklung der Religion.

Zu jener Zeit regierte Kaiser Augustus (43 v. Chr. - 14 n. Chr.) in Rom und schuf die Pax Augusti, die für ungefähr 250 Jahre Frieden, Rechtssicherheit und Wohlstand brachte und sich danach mehr und mehr auflöste. Die Pax Romana fand ihre Grenze. Der Friede unter den Menschen ist vergänglich, der Friede jedoch, den Jesus verkündete, ist ein anderer, gegenwärtig und zukünftig.

ZUM VORIGEN. In der antiken Welt beherbergte der sichtbare Kosmos eine Vielzahl von Gottheiten. Der Planet Jupiter war Marduk, der babylonische Herrschergott, Saturn der Repräsentant des Volkes Israels, der Stern über Bethlehem Wegweiser, der die Weisen zum König der Juden führte. Der Stern jedoch läßt sich als Zeichen der Hoffnung deuten.

In Bethlehem zur Zeit des Königs Herodes um 6 v. Chr. zur Welt gekommen und in Nazareth in Galiläa aufgewachsen, außerhalb des Ortes Bethlehem geboren wie auch in der Stadt Jerusalem gekreuzigt. Vergegenwärtigen wir die Inkarnation: Im Johannes-Evangelium ist Gott selbst das Wort (1,1). Deshalb können wir von seiner Menschwerdung in Jesus Christus sprechen. Das Wort ist »Fleisch geworden« (1,14). Mit dem Menschwerden wird das ›Seinswerden des Wortes‹ erläutert. Dieses Werden aus dem Wort ist kein Anders-Werden. Vielmehr ist beides ein- und dasselbe. Gott hat sich nicht in einen Menschen verwandelt, sondern wird selbst Mensch und bleibt dennoch Gott. Jesus als der Erscheinende ist der, der er immer gewesen ist, der sich ohne Unterschied in der Erscheinung völlig offenbart.

Wird Jesus als der neue Mose verheißen, ist Mose der Prophet. Im Unterschied sprach Mose mit Gott, aber nicht von Angesicht zu Angesicht, während Jesus als Sohn mit dem Vater in Unmittelbarkeit spricht und in Gehorsam seinen Willen erfüllt. »Niemand hat Gott jemals gesehen. Der Einzige, der Gott ist und an der Brust des Vaters ruht, er hat Kunde gebracht« (Joh 1,18). Aus dieser innersten Einheit entspringt die Wurzel seiner Lehre. Wir Menschen gehören alle zu ihm, wie er sich umgekehrt unser annimmt.

Im Alten Testament ist Gott der Hirte Israels. Das Bild des Hirten findet sich im Alten Orient in den sumerischen, babylonischen und assyrischen Inschriften wieder und sieht im König den von Gott eingesetzten Hirten. Die Sorge um die Armen, Kranken und Schwachen gehört mit zu den Aufgaben des Herrschers. Vor diesem historischen Hintergrund wird das Auftreten Jesus' als guter Hirte begreiflich. Daß Jesus sich mit Gott einte, widersprach dem streng monotheistischen Glauben der Juden. Daher war er weder Messias noch der Sohn Gottes. All dies verbietet jüdisches Verständnis.

Jesus hat das Reich Gottes verkündet. Die Rede ist auch vom Himmelreich, wobei das Wort ›Himmel‹ für Gott steht. Im Judentum vermied man aus Ehrfurcht vor dem Geheimnis Gottes das Wort ›Gott‹. Das Reich Gottes wird in jeder eucharistischen Versammlung als Teil der weltumspannenden Gemeinschaft der universalen Kirche Jesu Christi auf Erden verwirklicht. Es verheißt Geborgenheit in der Liebe Gottes, die zum Mitgehen mit Christus auffordert. Tora und Evangelium sind die Wegweiser für das Leben. Die Suche nach der Wahrheit, redlich und gewissenhaft, die innere Wachheit und die nicht überhebliche Selbstherrlichkeit – das ist der Weg, der jedem Menschen offensteht und für den sich das Reich Gottes öffnet. Der Gott Israels, der wahre Gott, ist der Gott aller Völker und aller Menschen. Diese Universalität, der Glaube an den einen Gott, ist Jesus' Geschenk an uns Menschen. Jesus hat uns Gott gebracht. Jesus war bis zu seinem Tod am Kreuz Gottvater gehorsam, der ihn darum liebte und erhöhte. Das Kreuz ist die wahre Höhe, da hier sein Sohnwesen, sein Einssein mit JHWH – »Ich bin, der ich bin« –, mit Gottvater deutlich wird.

Das Einwirken Gotters verdeutlicht sich durch zwei Ereignisse: die Geburt und die Auferstehung. Er läßt seine Macht über Geist und Materie sichtbar werden.

Der Apostel Paulus selbst lieferte den Beweis für Jesus' Auferstehung durch seine Erscheinung auf dem Weg nach Damaskus. Sie muß etwas so Durchdringendes, Tiefgründiges und innerlich Erregendes hervorgebracht haben, daß Paulus das Geschehen übernatürlich verstanden und gewertet hat.

AM RANDE. Im Verlauf der Christogenese als Phase der Menschheit bis zum Tag des Jüngsten Gerichts steht Jesus als Offenbarer des Vaters im Mittelpunkt. Die Sohnesgemeinschaft mit Gottvater kommt hier deutlich zum Ausdruck. »Wer mich gesehen hat, hat den Vater gesehen« (Joh 14,9). Dem Menschen wiederum kommt die Gottesebenbildlichkeit zugute, die ihm die Möglichkeit schenkt, die Schwelle des irdischen Da-Seins ›am Ende seines Lebens‹ zu überschreiten: ›eine Reise ins Licht.‹

Im Gebet ›Vater unser‹ heißt es weiter, »der du bist im Himmel«. Mit dem Wort ›Himmel‹ bestimmen wir Gott nicht auf irgendeine Galaxie, sondern Ursprung und Grund aller Räumlichkeit. Er ist Herr und Schöpfer. Himmel läßt sich vielleicht eher deuten mit ›mystischem Raum‹. Dort geschieht sein Wille. Wenn Jesus den Willen des Vaters erfüllt, erklärt das deutlich das Wesen seines Seins. Am Jakobsbrunnen sagt er zu seinen Jüngern: »Meine Speise ist es, den Willen dessen zu tun, der mich gesandt hat, und sein Werk zu Ende zu führen« (Joh 4,34).

Der aufgefahrene Jesus ist beim Vater und nimmt teil an der Raummächtigkeit Gottes. In diesem Zusammenhang spricht er erklärterweise zu seinen Jüngern: »Ich gehe und ich komme zu euch« (Joh 14,28). Nun ist Jesus nicht mehr an einem bestimmten Ort der Welt, sondern für alle Lebenden bis zum Jüngsten Tag allerorts.

Läßt sich der Lebens- und Diesseitszusammenhang durch Überlieferung und Verstehen erschließen, so bleibt das Jenseits im Dunkel. Für das Jenseitsverstehen brauchen wir den Glauben. Der Glaubende sucht einen Jenseitsentwurf, der so fraglich wie auch immer sein kann, eine plausible, verständliche Antwort auf die Frage, was den Menschen am Ende seines Lebens erwartet: eine Vision der Moderne!

Das Bild der ›Wolke‹ ist Vorstellung und Zeichen der Gegenwart Gottes, jedoch keinerlei Beschreibung des Himmels. »Dann kam eine Wolke und überschattete sie« – »Jesus nahm Petrus, Jakobus und Johannes auf einen hohen Berg mit, sie allein« (Mk 9,2) – »und eine Stimme kam aus der Wolke: Dies ist mein geliebter Sohn, auf ihn sollt ihr hören!« (Mk 9,7). All dies heißt doch: Gottessohn und Teilhabe an dem Sein Gottes.

›Ewiges Leben‹ bezieht sich schon auf das Leben auf Erden, das eigentlich gelebte Da-Sein, das es zu leben gilt. Bei Johannes heißt es: »Wer an mich glaubt, wird leben, auch wenn er stirbt. Und jeder, der lebt und an mich glaubt, wird in Ewigkeit nicht sterben« (11,25f). Es ist ein Leben *sui generis*, und zwar als eine Beziehung zu dem zu deuten, der Mensch geworden ist, der selbst das Leben als Gesandtsein annimmt und somit ein Lebender ist. Wer an Gott glaubt, sich Jesus anvertraut, der ist sich des Lebens nach dem Tod sicher, dessen Leben im Tod als Seele sich von der Biosphäre absetzt und in einen anderen Raum eintritt, in die göttliche Wohnstatt.

Ist hiermit das Paradies gemeint, aus dem Adam und Eva vertrieben wurden? Will Jesus die Menschen dort wieder hineinführen? Am Kreuz gibt es einen Hinweis, wird aber nicht mehr weiter ausgeführt. Ein römischer Hauptmann sah Jesus sterben und bekennt: »Dieser Mensch war in Wahrheit Gottes Sohn!« (Mk 15,39). Die Auferstehung Jesu öffnet eine neue Zukunft für die Menschen, bewirkt eine rettende Hoffnung aufgrund nur eines Ereignisses voller Geheimnisse, das jeden Erfahrungshorizont regelrecht sprengt. Es ist ein Ereignis, das Heil beschert.

AM RANDE. In der mittelalterlichen Ikonologie ist der Aufbau des Universums dreigeteilt – Himmel, Erde und tief unten die Hölle als Ort der ewigen Verdammnis, als Reich des Teufels. Das Fegefeuer ist eine Art Vorhof, wo die Verstorbenen ihre lässlichen, leichten Sünden abbüßen, bevor sie in das Reich Gottes eingehen.

Die Reformation wehrte sich gegen die Handlung der Kirche, Ablässe zu verkaufen, um die Läuterung im Fegefeuer zeitlich zu verkürzen. Im Allgemeinen solle sich Religion um gerechte Lebensverhältnisse bemühen, kein Plädoyer für einen Obrigkeitsstaat halten und sich nicht in staatliche Belange einmischen.

Für das Christentum gibt es ein Leben nach dem Tod. Die Aufnahme in den Himmel kennt keine Schranken. Es sind die einfachen Menschen reinen Herzens, die Gott gern hat. Es ist die Einfachheit, die sehend macht. Es wird Offenheit für das rechte Tun, für die Ausrichtung auf Gott und für das Verstehen verlangt, daß er gegenwärtig als Gottessohn in Geist und Kraft unter uns weilt, bevor er am Jüngsten Tag in Herrlichkeit kommt. In dieser Zwischenphase ist Christus durch Worte oder Ereignisse, in den Sakramenten wie vor allem in der Eucharistie präsent.

Bei Johannes heißt es: »Wenn jemand mich liebt, wird er mein Wort halten und mein Vater wird ihn lieben; wir werden zu ihm kommen und Wohnung bei ihm nehmen« (14,23). Außerdem zeigt Christus in Intervallen die Geschichte der Menschheit formende Kraft, die sich in Form der Erneuerung der Kirche äußert – im Spätmittelalter sind es die großen Gestalten wie Franz von Assisi, Dominikus, Antonius von Padua, Bonaventura, Albertus Magnus, Thomas von Aquin und Duns Scotus.

Christus wird irgendwann wieder neu in das Weltgeschehen eintreten, um die Kirche erneuernd zu prägen. Also wirkmächtiges Eingreifen in der Gegenwart. Erwartung und Hoffnung hingegen zielen auf die Zukunft. Komm, oh Herr!

7.2.3 Der Islam

Die jüngste der großen Religionen, die die Anbetung eines einzigen Gottes gebietet, ist der Islam. Der Begriff ist arabisch und bedeutet ›Hingabe an Gott‹.

Ihren Ausgangspunkt hat diese Religion auf der arabischen Halbinsel mit fast endlosen Sanddünen, Tälern und Oasen mit üppiger Vegetation. Besaß die südliche Halbinsel eine uralte Kultur, stand Nordarabien mit den Orten Petra und Palmyra vorwiegend unter dem Einfluß des byzantinischen und persischen Reiches. Die Bewohner, meistens Nomaden, waren in Stämme geteilt, die ihre eigenen Stammesgottheiten verehrten. Diese gaben zwar den Menschen im Alltagsgeschehen Halt, aber waren nicht imstande, ihnen die Angst vor dem Tod durch Hoffnung auf ein Jenseits zu nehmen. Ein Leben über den Tod hinaus und die Vorstellung einer unsterblichen Seele waren den Menschen damals fremd.

Auch in den Kultformen unterschieden sich die beiden Regionen. Im Norden wurden die Götter in Gestalt von besonderen Naturformen wie Steinen, Felsen und einzigartigen Bäumen verehrt, während im Süden zusätzlich menschenähnliche Statuen in tempelartigen Bauten angebetet wurden. In der Kaaba in Mekka waren es eine Götterstatue und ein heiliger Stein in der Umfassungsmauer.

Mohammed wurde im Jahr 570 n. Chr. in Mekka geboren. Sein

Caravaggio: Johannes der Täufer als Knabe. Öl auf Leinwand, 1600.
(Galleria Doria Pamphilj, Rom)
Was gegen die Darstellung des Johannes spricht, ist der Widder, der in
diesem Bild an die Stelle des Lamms getreten ist. Auf jeden Fall fehlen
Attribute wie die Taufschale, der Kreuzstab oder das Spruchband mit der
Aufschrift ›Ecce Agnus Dei‹. Wir sehen hier einen unbekleideten Hirten,
der den Kopf eines Widders an sein Gesicht drückt. – Die Quellen des 17.
Jahrhunderts deuten das Bild als Darstellung Johannes'.

Tizian (1488-1576): Salome mit dem Haupt Johannes des Täufers. Öl auf Leinwand, um 1560. (Galleria Doria Pamphilj, Rom)

Vater starb kurz vor seiner Geburt. Seine kränkliche Mutter übergab ihren Sohn unmittelbar einer Beduinin. Über seine Jugend ist wenig bekannt. Mit 25 Jahren heiratete er die reiche Kaufmannswitwe Chadidscha, wodurch er sorgenfrei leben konnte. Aufgeweckt und mit rascher Auffassungsgabe ausgestattet, machte er sich auf die Suche nach Wahrheit. Wir dürfen annehmen, daß es ihm um Verstehensfragen ging.

Mit der Zeit ist Mohammed klar geworden, daß die Vorstellungen und mythischen Bilder des Götzendiensts leere Formen und diffus waren. Er distanzierte sich und sah in Adam bei seiner Erschaffung das Vorbild, weil er in Folge einen einzigen Gott anbetete, den Schöpfer von Himmel und Erde.

Hier setzt Mohammed an. Mit dieser Erkenntnis zog er sich in eine Höhle des Berges Hira unweit von Mekka zurück, lebte als Einsiedler und wurde von visionären Erscheinungen regelrecht befallen. »Als er eines Nachts in seinen Mantel gehüllt dalag, rief eine Stimme seinen Namen und er sah eine hehre Engelsgestalt, die ihm ein mit Schriftzeichen bedecktes seidenes Tuch reichte. Lies, sagte der Engel! Er antwortete: Ich kann nicht lesen. Lies!, wiederholte der Engel, im Namen deines Herrn, der schuf den Menschen aus zähem Blut; Lies: Denn dein Herr ist's, der dich erkor, der dich unterwies mit dem Schreibrohr, den Menschen unterwies in dem, was er nicht wußte zuvor.« Mohammed wurde durch viele Visionen in seinem Glauben bestärkt und betete von nun an den einzigen und wahren Gott an, den Schöpfer von Himmel und Erde.

Waraka, der Vetter seiner Frau Chadidscha, der Teile des Alten und Neuen Testaments ins Arabische übertrug, verhalf Mohammed zu Kenntnissen von diesen beiden Schriften sowie von seiner Einführung in die Mischna (Sammlung religionsgesetzlicher Überlieferungen, Kern des Talmud) und den Talmud (Hauptwerk des Judentums, in dem die Mischna erörtert wird). Der Babylonische Talmud ist der bedeutendere, um 600 n. Chr. abgeschlossen.

In seinem neuen Glauben bestärkt, von Gott zum Propheten auserkoren zu sein, wurde er von seinen Stammesgenossen und Mitbürgern Mekkas verfolgt, weil sie Mindereinnahmen aus dem Pilgergeschäft befürchteten. Obwohl er von seinen erbittertsten Feinden unterstützt wurde, zog er mit seinen treuen Anhängern in eine Schlucht außerhalb der Stadt und blieb dort einige Jahre, bis der Bann aufgehoben wurde. In der ganzen Zeit war er nicht untätig, suchte sein Glück bei anderen Stämmen. Unverrichteter Dinge fand er dann in der Stadt Jatrib, die später in Medina umbekannt wurde, eine neue Heimat für seine Anhänger. Diese Auswanderung, die Hidschra, geschah im Jahr 622 n. Chr. Dieser geschichtliche Zeitpunkt wurde später als Beginn der islamischen Zeitrechnung festgelegt. In Medina begann Mohammed mit dem Bau der ersten Moschee.

Die Rivalität zwischen Medina und Mekka endete mit der Eroberung Mekkas im Jahr 630 und der Verbannung aller Heiligtümer, Kultbilder und Symbole des Götzendienstes aus der Kaaba. Im Jahr 632 n. Chr., also im zehnten Jahr der Hidschra, führte Mohammed eine Pilgerkarawane nach Mekka. Es war die letzte, die er persönlich leitete. Während der Vorbereitungen eines Kampfes an der persischen Grenze verstarb er am 7. Juni 632. Der Ort seines Todes wurde zur Begräbnisstätte und später zum Bau einer prächtigen Moschee.

Nach seinem Tod begann unter seinen Nachfolgern, den Kalifen, eine enorme Ausbreitung des Islams. Zu Anfang des 8. Jahrhunderts umfaßte der islamische Glaube unter Allah und seinen Propheten auch Teile Indiens, Turkestan, Südspanien und beinahe Frankreich (711).

Der Islam spaltete sich, da ein Teil der Gläubigen die Familie des Propheten als rechtmäßige Erben ansah, und zwar den Vetter Ali, den Mann seiner Tochter Fatima. Eine große Anhängerschaft bildete sich in Persien, der Schiitismus wurde dort zur Staatsreligion und ist es bis heute im Iran geblieben. Der Gegensatz zwischen Sunniten mit dem Kalifen und Schiiten mit dem Imam als geistlichem Oberhaupt beschäftigt immer noch die Gegenwart.

Es gilt nun die Lehre Mohammeds zu erhellen, dies kann hier allerdings nur ein kurzer Abriß sein. Wie überall gibt es zunächst mündliche Überlieferungen. Erst der dritte Kalif Osman (644-656) erstellte einen authentischen Text über die Offenbarungen des Propheten Mohammed: den Koran, der aus 114 Suren von ungleicher Länge – 3 bis 286 Sätzen – besteht. Man unterscheidet zwischen mekkanischen und medinischen Suren, letztere sind schwierig chronologisch zuzuordnen. Eine der schönsten Erzählungen ist die von Joseph in der 12. Sure, die sich zusammenhängend darbietet.

Die erste Sure hat bei den Muslimen die Bedeutung des Vaterunsers:

Im Namen Gottes, des Erbarmers, des Barmherzigen.
Lobpreis sei Gott, dem Herrn der Weltbewohner,
dem Erbarmer, dem Barmherzigen,
dem Herrscher des Gerichtstags!
Dir dienen wir, dich rufen wir um Hilfe an.
Leite uns den rechten Weg,
den Weg derer, denen du gnädig bist,
nicht derer, über die gezürnt wird,
noch derer, welche irregehen! (Su 1).

Der Koran ist ein heiliges Buch. Er enthält Glaubens- und Religionsvorschriften und ist Richtschnur im Alltag. Im öffentlichen Unterricht ist zuallererst Lesen und Lernen des Korans angesagt. Neben dem Koran wurden seit dem 2. Jahrhunderts d.H. die Gewohnheiten und Praktiken des Propheten als Sunna gesammelt. Versagen Koran und Sunna, treten theologische Autoritäten für die Auslegung eines Einzelfalls auf oder es wird in Analogie entschieden.

Das Bekenntnis des Islam lautet: »Ich bezeuge, daß es keinen Gott gibt außer Allah. Ich bezeuge, daß Mohammed der Gesandte Gottes ist.« Da Allah der Erhabene ist, ist jede bildliche Darstellung von ihm nicht erlaubt. Er kann nur mit weihevollen Namen gepriesen werden. Es sind 99 Namen, die mit Hilfe von Kugeln auf einer Kette aufgesagt werden. Allah ist Schöpfer des Himmels und der Erde wie auch des Menschen, den er in einen paradiesischen Zustand der Unschuld versetzt hat.

Das Paradies im Himmel wird von Engeln, von geschlechtslosen Wesen bewohnt, die als Boten Allahs und Schutzengel der Menschen tätig sind. Gabriel als erster Engel ist der Vermittler der Offenbarungen. Nach Erschaffung der Menschen forderte Gott alle Engel auf, diesen Engel anzubeten, doch einer weigerte sich und wurde zum Satan, zum Iblis (griech. *diabolos*). Darüber hinaus gibt es noch geringere Geister, die Dschinn, die auf Erden und im Zwischenraum von Himmel und Erde wohnen. Sie sind wie die Menschen gut oder böse, gläubig oder ungläubig.

Alles menschliche Wirken und Geschehen ist durch den Willen Gottes vorherbestimmt, so daß des Menschen Tun und Schicksal prädestiniert sind. Darin wurzelt der spätere Fatalismus (Kismet).

Auferstehung und das Jüngste Gericht sind genauer beschrieben, wonach am letzten Tag die Gerechtigkeit hergestellt wird, der Antichrist auftritt, Jesus wiederkommt, der stirbt und in Medina begraben wird, die Posaune Raphaels erschallt und die Erde untergeht. An diesem Tag wird das Urteil über alle Geschöpfe gesprochen. Die Frommen kommen ins Paradies, die Bösen in die Hölle, aus der es kein Entrinnen mehr gibt.

Mit Mohammed geht die Reihe der Propheten zu Ende: Adam, Noah, Abraham, der im Islam in höchster Gunst steht, Mose, Jesus und schließlich Mohammed, der als letzter nicht die Kraft der Wunder erhalten hat, sondern dafür den Koran als das vollkommenste Wort Gottes. Bemerkenswert ist jedoch, daß Jesus als Messias über

Mohammed steht, das Wort Gottes, das Wort der Wahrheit (Logos) und der Geist von Gott ist.

Im Koran heißt es über den Tod Jesus:»... Aber sie haben ihn nicht getötet und haben ihn auch nicht gekreuzigt. Sondern es kam ihnen nur so vor« (Su 4,157). Weiterhin:»... Als Gott sprach: Jesus, siehe, ich will dich zu mir nehmen und dich zu mir erhöhen« (Su 3,55). Die Trinität in Vater, Sohn und Maria ist nach Mohammed mit seiner Lehre von dem einen Gott nicht vereinbar.

Im Islam erhält das Jenseits einen höheren Stellenwert als das Diesseits, vor allem bedingt auch durch die Prädestinationsvorstellung. Am Ende des Lebens steht zwar der Tod, jedoch das eigentliche Ereignis ist die Belohnung des ewigen Lebens, das für rechtschaffenes, gottgefälliges Verhalten auf Erden verheißen wird.

Märtyrer haben das exquisite Privileg, daß ihnen zum Zeitpunkt des Todes sämtliche Sünden vergeben sind. Ihre Auffahrt endet auf der obersten siebten Ebene des Paradieses. Im Gegensatz zum Judentum oder späteren Christentum hat der Islam eine genauere, ausführlichere Beschreibung des Paradieses:

46 »Zwei Gärten sind denen zugedacht, die den Auftritt ihres Herrn fürchten,

47 Ja, welche Gnadengaben eures Herrn wollt ihr denn leugnen?

48 die voller Arten sind,

49 Ja, welche Gnadengaben eures Herrn wollt ihr denn leugnen?

50 dort sind zwei Quellen, welche sprudeln,

51 Ja, u. so fort

52 dort ist von allen Früchten, in Paaren ...

54 Auf Ruhepolstern lehnen sie, mit Decken aus Brokat; und nahe sind der Gärten Früchte ...

56 Keusch blickende Frauen sind dort, vorher weder von Mensch noch von Dschinn berührt, ...

58 als ob sie Hyazinthen wären und Korallen ...

60 Kann den der Lohn für Wohltat anderes als Wohltat sein? ...
62 Unter ihnen sind noch zwei Gärten ...
64 von dunklem Grün, ...
66 dort sind zwei Quellen, reichlich sprudelnd, ...
68 dort sind Früchte, Palmen und Granatapfelbaum, ...
70 darin sind gute, schöne Frauen ...
72 mit schwarzen Augen, in Zelten abgesondert, ...
74 vorher weder von Mensch noch Dschinn berührt, ...
76 auf grünen Polstern und schönen Teppichen liegen sie ...
78 Voller Segen ist der Name deines Herrn,
   des Herrn der Majestät und Ehre« (Su 55, 46+48-78).

8. Signifikanz der Religion in der Moderne

Religionen prägen die reale Welt, sie haben mit dem Unsichtbaren zu tun. Die Beziehung zu diesem generiert etwas Religiöses. Dann öffnet sich der Mensch bereits zu einer Götterwelt oder nur zu einem einzigen Gott, der im Islam Allah heißt. Wir glauben! Wir glauben ja daran, ohne uns selbst zu rechtfertigen. Einfach ganz von selbst! Ohne Antreiberfaktoren. Ohne Glauben wäre die Welt eine Wüste ohne Oasen.

Soweit wir zurückblicken, ist die Welt eine einzige Opferstätte, in der es immer wieder um Opfergang und Opfergabe geht. Mittler zwischen dem Menschen und dem Unsichtbaren ist das Ritual. Ein einzelner Gegenstand hat Symbolcharakter. Tiefgehender betrachtet geht es um innere Affinitäten und Analogien.

Religionsausübung ist anspruchsvoll. Zu ihrer Ehre haben wir Johannes, Paulus, Augustinus über Bonaventura bis zu Calvin, Luther und Barth. Ohne Gott hätten wir Leere. Die Götterwelt zu Beginn, schließlich den einzigen Gott, den wahren Gott, der alle rettet. Eine universalistische Heilsbotschaft, die erzählt werden will, wenn Menschen sie verstehen sollen. Das Anders-Sein Gottes im Vergleich zu seinem Geschöpf wird im Leben und Sterben am Kreuz des Menschen Jesus von Nazareth offenbart. Das Kreuz, das zum Zwiegespräch drängt, weil wir ihn ansehen und von ihm erblickt und umfaßt werden, äußert sich in tiefgründiger Beziehung zu Jesus. Beschenkte Gnade – eine Freude und zugleich Frohbotschaft bis hin zum Ende des Da-Seins. Daher die nachstehende ›Vision der Moderne‹ – am Ende des Lebens eine Reise ins Licht!

AM RANDE. Neben naturwissenschaftlichen und philosophischen Interessen spielt Religiosität keine allzu große Rolle. Was bedeutet ›religiöser Mensch‹, *homo religiosus*? Der Theologe Friedrich Daniel

Schleiermacher behauptete 1799 in seinen Reden ›Über die Religion‹, daß der Mensch »mit der religiösen Anlage« geboren werde. Ist dann Religiosität wie auch Sprachfähigkeit eine anthropologische Konstante? Demnach gehören Kulte, Riten wie Trauerriten zum Menschsein. Artefakte aus der Frühgeschichte der Menschheit deuten darauf hin. Gewiß, wer mit der Transzendenz nichts anfangen kann oder völlig darauf verzichtet, dem fehlt ein lebensdienlicher Halt.

Juden, Christen und Muslime glauben an einen Gott, den Schöpfer des Himmels und der Erde. Für die Christen offenbart sich Gott in Jesus Christus. Er ist das Wort, *logos*, das in die Welt kommt. Gott wendet sich jedem Menschen aus Gnade und Liebe zu. Das Neue Testament berichtet über Jesus von Nazareth und ist somit eine Schrift über die Offenbarung. Der Islam ist eine Buchreligion, das Christentum hingegen eine Offenbarungsreligion. Sind die Juden unsere ›älteren Brüder‹, so die Muslime die ›jüngeren Brüder‹.

Religionen sollten nicht die zu vollziehende, starre Kodifizierung eines jeden Aspekts des Alltags zu eigen machen, eher eine dynamische des Alltagsgeschehens, in das sie gestellt sind und das der Mensch offenbar erfährt, indem es ihm gegenwärtig widerfährt. Damit der Universalitätsanspruch ihrer Grundlehren und Meinungen plausibel werden kann, bedarf es einer Überprüfung ihrer Lehren und Meinungen in Form einer Übersetzung in die jeweilige Gegenwärtigkeit. Das heißt, daß zwischen den beiden zu unterscheiden ist, wobei letztere einer Feinabstimmung mit dem Gegenwartsgeschehen unterliegen und in ihrer Wirkungskraft auf friedvolles Miteinander und Übereinstimmung mit der Verfassung eines Staates zu überprüfen sind.

Die Erörterung eines Textes im Kontext der Zeit durch pastoraltheologische Hermeneutik steht im Zeichen der Wahrheit. Dabei geht es nicht um den eigenen Verstehenszusammenhang, sondern um ein

Interpretieren um des Glaubens willen, ohne den der Glauben nicht verstehbar, sinnvoll und gegenwärtig wird und ist. Nur mittels gottsuchender Reflexion wird im Text das Licht sichtbar. Das Licht stellt den Menschen in den Glauben, in Gott. Es geht um die als Wort wirkende Erhellung des Damaligen auf das Gegenwärtige.

Demnach verpflichtet sich der Text zur Verständlichkeit und erhebt somit einen ›Sinnanspruch‹. Für den Glaubenden ist das Erkennen und die Sicherung des Verstehens des Textes von eminenter Wichtigkeit für sein Handeln, sein Tun oder Lassen. Der Jude, der Christ oder der Muslim will wissen, ob das Wollen Gottes auch evident zum Ausdruck kommt und sein Handeln dementsprechend gottgefällig ist.

Vor diesem Hintergrund stellt sich die berechtigte und vordringliche Frage, ob nicht jeder Gemeinschaft von Gläubigen das Recht zusteht einzufordern, die heiligen Bücher, Aussagen und Äußerungen in Schriftform gefaßt aus dem Kontext ihrer Zeit immer wieder neu zu interpretieren. Denn ohne Modifizierung werden die Religionen nicht umhinkommen.

Der Islam unterscheidet sich von den beiden anderen monotheistischen Religionen dadurch, daß die Trennung von Kirche und Staat nicht vollzogen wurde. Diese Trennung im Christentum geschah nach erbitterten Auseinandersetzungen, Streitigkeiten und quälendem Zweifel.

AM RANDE. Ein Stück aus der Kirchengeschichte: Im Oktober 1517 verfaßte der Mönch Martin Luther in Wittenberg, einer Stadt in Sachsen, 95 Thesen, in denen er u.a. den Verkauf von Ablaßbriefen zur Rettung der Seele an den Pranger stellte und dadurch eine theologische wie politische Revolution auslöste.

Dank seiner Bibelübersetzung ins Deutsche hat Luther die Lesefähigkeit des Volkes zuwege gebracht. Und weil die Bibel gelesen werden sollte, förderten die zum Protestantismus konvertierten Landesherren Lesen und Schreiben. Dadurch kann sich Luther als ›Vater der Religionsfreiheit‹ feiern lassen.

Als Theologe des 16. Jahrhunderts kommt ihm auch unweigerlich geschichtliche Größe zu, da Luther energisch für die Befriedung religiöser Konfliktpotentiale und die Durchsetzung staatlicher Rahmenbedingungen zwecks Gesittung der Religion eingetreten ist. Er war ein Kämpfer für den Sinn und die Freiheit des Glaubens. Zu Recht kündigt sich das Luther-Jahr 2017 an.

Was mich an Luther immer wieder begeistert, ist der suchende und ringende Mönch. »Wie finde ich einen gnädigen Gott?« Diese Frage berührt auch mich auf meinem Feldweg. Es ist die radikale Gottbezogenheit, die zum Ausdruck kommt, die wiederum in neue Fragen mündet: Wie steht Gott zu mir? Bin ich gottgefällig? Wie stehe ich mit meiner Vita vor Gott?

Was Luther zu seiner Zeit Anfang 1512 in Rom gesehen hat, war eine mannigfaltig-prekäre Lage der Bewohner, eine Vielzahl von Petenten aus niederen Schichten und vor allem ein sinnenfrohes Bild der Oberschicht.

Luther versteht man leichter, wenn man ihn im Kontext seiner Zeit sieht. So ist es notwendig, seine Lehre von der Rechtfertigung zusammenhängend mit dem Jüngsten Gericht zu betrachten und zu würdigen, damit der Denkhorizont Luthers und des Luthertums nicht verschüttet wird. Vergessen wir nicht: Luther war stets Theologe – eingebettet in mystischer Frömmigkeit und tief verwurzelt im Mittelalter. Das heißt: Kultur prägt Religion, aber auch umgekehrt.

Caravaggio: Reuige Magdalena. Öl auf Leinwand, um 1597 (Galleria Doria
Pamphilj, Rom)
Im Brokatgewand ist Maria Magdalena als reuige Sünderin vor ihrer Konver-
sion dargestellt. Von göttlicher Inspiration erleuchtet, zur Umkehr bewegt
ist das spirituelle Erleben ahnend in sich zusammengesunken. Ihre Selbst-
erniedrigung deutet Caravaggio durch den niedrigen Schemel an. Es ist
auch die Versunkenheit Magdalenas, die die Phantasie des Betrachters
beflügelt. Realitätssinn des Malers kommt zum Vorschein.

9. Öffnung durch Glauben

Früher haben die Götter auf ihrem Himmelsbogen über die Menschen geherrscht, heute bestimmen Technik und Technologie unser Schicksal. Die digitale Revolution tut noch ihr Übriges. Die Maschinen sind längst zu Sklavenhaltern mutiert und greifen in unsere Lebenswelt hinein: Diktat der Kontrolle dank Internet, Einfluß durch heimliche Strukturen. Unsere Welt ist zur Fülle von wagemutigen Forschungsprojekten auf den Ebenen des Mikro- und Makrokosmos geworden. Wie kann man künftig unter Beweis stellen, daß der Mensch in seiner Welt lebt und die Maschine nicht alles bestimmt? Gibt es die vollkommene Maschine? Gibt es eine Alternative zum Verfall des Menschlichen? Findet der Mensch den Schlüssel zum Verständnis der Moderne durch Ausklammern der Metaphysik oder durch ein ausgewogenes Einbinden bei all seinen Alltagssorgen?

Der Mensch steht in der Welt und bewegt sich darin zum Selbstwerden. Er ist in ein weites Netz von Beziehungen kommunikativer Art eingebettet und ist trotz alledem paradoxerweise oft isoliert. Arbeit verschafft ihm Auskommen, das je nach seiner Positionierung im sozialen Koordinatensystem ausreichend ist oder nicht. Zugang zur Arbeit hat weltweit Priorität, weil sie auch einen Beitrag zum Gemeinwohl leistet und Frieden stiftet. Dennoch ist zu beobachten, daß es in vielen Gesellschaften zu wachsender Armut und Spreizung des Vermögens kommt.

Gewiß, für die Beurteilung ist ein differenzierter Blick auf die Einkommensverteilung erforderlich. Denn es gibt eine Vielzahl von Faktoren, die dabei zu berücksichtigen und einzubeziehen sind, damit die häufig geäußerte Vorstellung vom sozialen Ungleichgewicht nicht ins Klischee abdriftet.

Dennoch ist ein Umdenken vonnöten. Kurzfristiges Profitdenken schadet nachhaltigem Wirtschaften und fördert zunehmende Ungleichverteilung des Wohlstands, so daß es den sozialen Zusammenhalt gefährdet, sofern die Steuerpolitik nicht dagegenwirkt.

In welchem sozialen Umfeld der Mensch auch lebt, in ihm schlummert eine Unruhe. Er verspürt Transzendentes, begibt sich irgendwann auf geistige Wanderung, auf die Suche nach dem Ur-Etwas. Seit Menschengedenken entsteht im alltäglichen Kontext eine Beziehungsfähigkeit, die ihren Ausdruck in der Vertikalen findet. Schon das Kind erfährt in der Beziehung zu seinen Eltern ein symbolisches Hinauf, zu dem es aufblickt, ehe es läuft. Aus dieser Vertikaldimension offenbart sich eine innerlich stabile, aber zeitlich nicht immer bewußte Vertikalspannung. Die Bindung an die Vertikalkraft ist von geheimnisvoller Wirkungsmächtigkeit im Verlauf des Lebens, die gegen Ende umso intensiver werden kann.

Die menschlichen Lebensvollzüge werden von einer Überwelt überspannt: Es ist der Glaube. Mag es der Glaube an gute oder böse Dämonen, kosmische Gebilde, Berggöttinnen, Lebensstein oder Ahnen sein, mag es an die Seele, die Reinkarnation, den lokalen Schutzgott und seine Nebengötter als Pantheon, das Aufkommen der Vergöttlichung der Stammesfürsten, des Pharao gegen Mitte des 3. Jahrtausends oder an eine moralische Weltordnung (Buddhismus) oder Götterwelt sein. Der Übergang der israelitischen Religion zum Monotheismus ist bis heute nicht restlos erklärbar und somit mysteriös. Nicht einmal findet sich in dieser Religion der Name einer Göttin.

Weitere monotheistische Religionen wie das Christentum und später der Islam kamen hinzu. Mit Jesus von Nazareth vollzog sich eine wundersame Wende. Er hat Werte wiederbelebt und uns Gott gebracht. In der Linie von Moses und den Propheten ist sein Weg von der Geburt an bis hin zum Kreuz und zur Auferstehung weltgeschichtlich bedeutsam und zugleich weltbewegend.

Glaube! Die indische Gesellschaft mit ihrem Kastenwesen steht während der Kumbh Mela in der Zeit vom 14. Januar bis 10. März an der Mündung des Flusses Yamuna in den Ganges zusammen. Auf die Frage, was die Gesellschaft zusammenhält, soll der erste Präsident Jawaharlal Nehru geantwortet haben: »Unser Glaube.« Seine tiefe Kraft erlebt man in Allahabad alle zwölf Jahre.

Der Glaube hat eine welterschütternde Kraft. Glaube ist eine andere Weise geistigen Verhaltens. Glaube paßt zur Vernunft. Es ist die Verschränkung von Selbstverwirklichung und Suche nach dem Jenseits, dem Glauben, die das Menschsein ausmachen. In den Zeiten zunehmender säkularer Optionen bewährt sich das Gewissen als Kompaßnadel. Im Volksmund heißt es nicht umsonst: »Ein gutes Gewissen ist ein sanftes Ruhekissen.« Spricht nicht aus dem Gewissen eine Verpflichtung einem Höheren gegenüber? Wer glaubt, ist nicht allein!

Nach Karl Barth (1886-1968) ist Glaube »ein Sprung ins Leere«. Oder wie Martin Walser es formuliert: »Wenn ich von einem Atheisten höre, daß es Gott nicht gebe, fällt mir ein: Aber er fehlt. Mir.« Glauben macht »Appetit aufs Unmögliche«, fügt er noch hinzu. Erinnert sei auch an den eindrucksvollen Dialog ›Woran glaubt, wer nicht glaubt?‹ zwischen Umberto Eco und Carlo Maria Martini.[16]

Geschieht es nicht manchmal, daß der Mensch in der lebensweltlichen Umspannung auf die Heiligen Schriften wie Talmud, Bibel oder Koran zurückgreift? Um im zeitgenössischen Kontext zu bestehen, bedürfen die Schriften einer Hermeneutik, einer reflektierten Auslegung, um dem Anliegen der Moderne gerecht zu werden und die Zukunftsfähigkeit der Menschheit so zu gestalten, daß sich die Schatten in aller Welt wie Hilflosigkeit, Fanatismus, Intoleranz, Respektlosigkeit, Überfälle, Brandanschläge, Gewalt und Konflikte aufhellen. Religionsfreiheit ist unabdingbar, ein absolutes Muß, wenn mehr Frieden auf Erden einkehren soll.

Der Mensch im Streben nach einem guten Leben schreitet seinen Feldweg weiter. Unwirtlich ist er manchmal. Doch unentwegt geht es fortan.

Caravaggio: Berufung des Hl. Matthäus. Öl auf Leinwand, um 1599 (San Luigi dei Francesi, Rom)
Mit seiner ausgestreckten rechten Hand weist Jesus, von Petrus begleitet, auf den bärtigen Zöllner Levi und fordert ihn auf mitzukommen. Der Zöllner, dessen Blick auf den Eintretenden gerichtet ist, fühlt sich selbst mit der eindeutigen Haltung seiner linken Hand unmißverständlich angesprochen. »Folge mir nach!«
Die drei Jugendlichen in modischem Gewand sind Gehilfen des Zöllners. Der Lichtstrahl kommt von einem außerhalb des Blickfelds liegenden Fenster von rechts oben und erleuchtet Gesichter, Hände, Teile der Gewänder und der Zollstube sowie Tisch und Beine der Personen. Der Lichteinfall hebt die spirituelle Darstellung des Ereignisses hervor.
Die Bildkomposition zerfällt in zwei Gruppen, die eine richtet sich auf Jesus und Matthäus, die andere am linken Tischende widmet sich der Zolleinnahme.
Für die Verbreitung religiöser Kunstwerke war das Dekret über die Bilderverehrung des Konzils von Trient (1545-1563) vom 3. Dezember 1563 maßgebend. Künstler mußten ihre Entwürfe zur Genehmigung vorlegen. Ansonsten wurden Verstöße mit hohen Geldstrafen oder sogar mit Gefängnis geahndet. Das ergab sich im einzelnen aus dem Dekret von 1603, das Kardinalvikar Camillo Borghese (1551-1621) erließ und somit nochmals das Dekret von 1563 bestätigte. Borghese wurde wenig später zum Papst Paul V. gewählt.

Caravaggio: Madonna di Loreto (oder: Pilgermadonna). Öl auf Leinwand,
1604 (Sant'Agostino Cappella Cavalletti, in Campo Marzio, Rom)
Maria und Kind am Eingang eines Hauses blicken auf ein älteres Pilger-
paar, das anbetend vor ihnen kniet. Das Christuskind hat seine rechte
Hand zum Segensgruß erhoben, während die Madonna auf einer Stufe
erhöht steht mit Heiligenschein, hellem Inkarnat und samtglänzendem
Obergewand. Dagegen heben sich die Pilger durch ihre nackten Füße,
abgehärteten Fußsohlen und abgearbeitete Hände ab. Ein tiefgreifendes,
sinniges Bild voller Anmut.

Im Alter stellen sich Fragen wie: Warum stößt mir Böses, Schmerz oder so viel Leid zu? Warum geht es anderen besser als mir? Warum bin ich so krank? Warum so einsam? Kann ich mir ein Pflegeheim leisten? Habe ich genügend finanzielle Mittel? Wie habe ich mich gegenüber meiner Familie und Nahestehenden zu verhalten, um Zwistigkeiten zu vermeiden? Warum bin ich so starrsinnig, so egoistisch, wenn ich es noch erkenne? Warum verstehe ich nicht die letzte Wegstrecke als eine Pilgerreise? Warum bete ich nicht tagtäglich? Warum ist mir das schöne Gebet von Dietrich Bonhoeffer entfallen:

> Von guten Mächten wunderbar geborgen
> Erwarten wir getrost, was kommen mag,
> Gott ist mit uns am Abend und am Morgen
> Und ganz gewiß an jedem neuen Tag.

Wie komme ich zu innerer Ruhe? Gäbe es keinen Gott, dann macht der Begriff ›Wahrheit‹ keinerlei Sinn. Ohne einen Glauben bewegen wir uns auf Atheismus und Nihilismus zu. Ob die Menschen dann Kraft zu einem neuen Mythos fänden, darf bezweifelt werden.

Der Menschen wegen hat Gott seinen Sohn zu uns geschickt. Hat es ihm im Himmel nicht mehr gefallen?

Angesichts der Verblendung und Not der Menschen mußte Gott einfach zu den Menschen kommen, um ihnen eine wirklich bleibende Perspektive, eine tragfähige Hoffnung und wahren Trost zu geben. Mit Jesus Christus erleben wir den Trost der Freundschaft und die Lebenskraft durch das Licht Gottes.

Wie sehen Sie Gott?

Gott ist allmächtig, er wollte auch menschlich sein. Es geschah seine Präsenz in der Welt und im Menschen: Inkarnation als ur-religiöses Symbol.

Gott in der Welt?

Wir glauben an Gott, den wahren und wirklichen. Ob Jude, Christ, Muslim oder ein Anderer, wir alle sind untereinander Brüder und Schwestern in Gott. Denn alle Religionen haben den Blick auf das Kommende gerichtet, eine Art Zukunftsschau geschaffen.

So wird Mose als Prophet gedeutet. Das, was ihn auszeichnet und abhebt, ist das Gespräch mit Gott. Er hat zwar mit dem Herrn ›von Angesicht zu Angesicht‹ verkehrt, jedoch sein Angesicht nicht schauen dürfen. Darin liegt eine Verheißung verborgen, wonach der neue Mose wirklich und unmittelbar Gottes Angesicht sehen darf. Hat Gott nicht gezeigt, daß er Gott ist?

Gibt es ein Segensgebet der monotheistischen Religionen?

»Der Herr segne euch und behüte euch. Er lasse sein Angesicht über euch leuchten und sei euch gnädig. Der Herr wende euch sein Angesicht zu und schenke euch Heil. Amen.«

Wie verstehen Sie den Dekalog?

Der Menschheit würde es guttun, die Imperative des Dekalogs besser zu beachten. Er ist gewissermaßen das Navigationsgerät des Lebens. Leider erleben wir im Alltag einen hohen Agggressionsspiegel.

Ich erinnere mich an eine Metapher, die man aus einer Bemerkung Diderots abgeleitet hat: »Man muß ein Schloß erst einstürzen lassen, wenn es ein Gegenstand von Interesse werden soll.«

Nicht von ungefähr hat Ahmed Mohammed al-Tayyeb, Großimam der Al-Azhar, am 23. Mai 2016 einen Appell an die ganze Welt gerichtet: »Einigt euch sofort und greift ein, um den Strömen des Blutes ein Ende zu setzen.«[17]

Was macht der Glaube für Sie persönlich aus?

Das Ringen um den Glauben und die Hinwendung zu Gott ist kein einmaliges Ereignis, sondern unterliegt immer wieder der Versuchung. Die Relevanz der Vernunft und des Glaubens zueinander ist im Kontext der Kulturgeschichte und der Entwicklung des menschlichen Geistes als eine ständige Verstehensfrage im Rahmen der Philosophie und Theologie zu diskutieren. Das Problem der Entzweiung hat Folgen. Der Vernunft emanzipatorische Impulse zu unterstellen, widerspräche ihrer Natur. Wäre dies nicht auch wider das Naturrecht (Johannes Messner)?[18] Unsere Lebenswelt bietet ein Zusammenspiel unterschiedlicher Perspektiven. Aus wissenschaftlicher Sicht sieht die Welt anders aus als aus gesellschaftlicher oder religiöser.

Ein Wort zur Kirche. Ihren Bestand hat sie einzig allein in der Verwurzelung und Bindung des Gläubigen in und an Christus und seiner Botschaft. Daher hat das innerliche Verhalten eines religiösen Menschen seit und mit Christus einen bleibenden Grundwert und sollte kirchengeschichtlich nicht mit den äußerlichen Herausforderungen des Alltags verwechselt werden ...

Ich glaube, bete tagtäglich, diskret und gemeinsam. Mal zweifelnd, mal glaubend. Ich glaube, bin aber schwach. Der Mensch ohne Glauben stellt eine Gefahr für seinesgleichen dar. Menschen können hoffnungslos religiös sein. Die Kulturen sind einfach und organisatorisch zu differenziert. Glauben heißt doch, die Unergründlichkeit Gottes zeitlebens durchzustehen.

Im Reigen der Polyphonie der Religionen und eines toleranten Miteinanders ist es respektabel, von einem Anderen zu hören: Ich bin ein Jude! Ich bin ein Buddhist! Ich bin ein Muslim! Ich bin ein Hindu! Ich bin ein Brahman! Ich bin ein Manichäer! Ich bin dankbar, ein Christ zu sein! Dankbar meinen Eltern, daß ich getauft worden bin.

Zeitliches und Ewigliches ist in uns. Bedenken wir, daß ein jeder zugehörig ist, zu einem Glauben oder zu keiner Religionsgemeinschaft, aber stets zu einer Gemeinschaft. Ob ich jüdisch, christlich oder muslimisch bin, es strukturiert mein Erkennen, mein Denken, mein Interpretieren, mein Verstehen, meine Handlungen, meinen Alltag.

Normative Gleichheit, Gleichwertigkeit schließen individuelle Vielfalt nicht aus. Offenheit zur Vielfalt. Jeder Mensch hat seine Würde, seine Rechte, die niemand verliert. Pathologischer Nebel untergräbt den sozialen Zusammenhalt. Verschiedenheit ist und darf kein Grund für Ausgrenzung sein.

Auf noch viele lebenswerte Jahre und Momente hoffe ich, sei es mit der Familie, die mir immer noch Halt gewährt, sei es mit Freunden abwechselnd in Brenden oder Ahrweiler, in Rom im Licht des Südens oder an einem anderen Ort.

10. Von der Spätlebensphase

Mit anderen in Frieden zu leben und mit sich selbst im Reinen zu bleiben hat oft Angstzustände und Unsicherheit hervorgerufen. Es hat mich viel gekostet, das Geschick des Lebens zu erlernen, meinen Feldweg zu gehen. Ich habe gelernt, daß Ziele zu setzen sind, um in Bewegung zu bleiben. Es mag durchaus vorgekommen sein, daß ich arrogante Menschen ihres Erfolges wegen bewundert habe. Sie ließen mich jedoch unbeeindruckt, sofern sie nicht meine Kreise störten.

Unredlichkeit, reine Rechthaberei oder falsche Argumente ins Feld bringen riefen in mir die nötige Geistesgegenwart für ein Erwidern hervor. Wie vom Blitz getroffen sollte man nicht der Starrheit anheim fallen. Auf solches Fehlverhalten zu reagieren, betrachte ich als eine unbedingte Notwendigkeit, die oft Mut erforderte. Für Einsicht, Lernen und persönliche Entwicklung ist es selbst in der Spätphase des Lebens nie zu spät.

Der unredliche, vergebliche Dialog ist in hohem Maße unerfreulich, wenn der Andere auf seinem Standpunkt, wenn dieser mehr Unwahres als Wahres enthält, beharrt und sich mit dem Hinweis brüstet, daß das Gespräch besonders opportun gewesen sei. Gerade im Alter verhärten sich die Ansichten häufiger, treten öfter vorgefasste Meinungen auf. Denn in dieser Lebensphase wird es schwieriger, seine Meinung zu ändern, bei Entscheidungen wendiger zu sein oder Niederlagen hinzunehmen. Man mag zwar einsichtsfähig sein, aber im Alltag ist man doch nicht immer so einsichtswillig, um ein beiderseitiges Einvernehmen zu erzielen. Oft kommt es vor, daß man dem Anderen gegenüber gleichgültiger wird, schlimmstenfalls sich sogar abwendet oder sich in sein Schneckenhaus zurückzieht. Mißtrauen und Voreingenommenheit erweisen sich bei alledem als Hindernis. Aber auch vor allzu großer nachsichtiger Beurteilung ist zu warnen, sofern nicht triftige Gründe gegeben sind.

Im Alter sind durchaus mehr Bescheidenheit und Gelassenheit im Umgang sinnvoll und wegweisend. Dagegen geht die Suche nach Letztbegründungen oder Gottesbeweisen ins Leere, weil unser Kleinstgehirn eine Antwort nie liefern kann. Das Gehirn ist zwar ein kulturelles Konstrukt, doch hier stellt es unsere Ohnmacht unter Beweis. Dennoch macht Denken freudig. So verdanken wir unser Da-Sein und So-Sein einem evolutionären Prozeß. Darüber hinaus werden wir von den kulturspezifischen Unterschieden des Umfelds geprägt. Daher ist es zwingend notwendig, sich mit dem Phänomen Mensch am Ende seines Lebenswegs, mit seinem Bewußtsein im Licht dessen, was ihn erwartet, mit der Aufnahme in den mystischen Raum zu beschäftigen.

Die Seinshöhe im Alter ist in den einzelnen Lebenswelten recht unterschiedlich. Müssen wir uns nicht fragen, auf Kosten welcher Umwelt sich der Mensch hat entwickeln können? Das Leben, sein Vollzug und die Herausforderungen sowie Ansprüche sind im naturalen Milieu andere als im technogenen. Forschung und Entwicklung führen zu einer wachsenden Komplexität. Entwerfen ist somit eine wesentliche Aktivität des Da-Seins. Technik impliziert Aufgeschlossensein für neue technologische Entwicklungen und Gefaßtsein auf weitergehende Entdeckungen. Die medizinischen Verbesserungen mögen biologische Veränderungen des Menschen hin zum Übermenschen herbeiführen, der Mensch aber ist und bleibt Teil der Natur – hätten wir etwas dagegen einzuwenden?

Alter! Ist Alter ein biologischer Zustand? Wann ist der Mensch alt? Verläuft der Alterungsprozeß nicht recht unterschiedlich?

Das sind viele Fragen auf einmal. Das Alter setzt kein chronologisches Datum, sondern ist ein Prozeß, der zu einer ständigen Veränderung des Organismus führt. Das bedeutet, daß es keine allseitig generelle Altersgrenze gibt, sei es aus physiologischer und psychologischer, sei es aus biologischer Sicht.

Der evolutionäre Drift wirkt weiter. Die angehende mediziokrati-
sche Phase besagt, daß sich die technischen Lebensformen und die
therapeutischen Möglichkeiten weiterentwickeln. Diese gilt es zu
bejahen. Wer heilen kann, muß heilen. Wer es nicht tut, begeht ein
Unterlassungsdelikt. Das Leben impliziert Entscheidungen – auch
für den Tod –, die nur verantwortungsethisch begründet werden können.

Daß man im Gemeinwesen Altersgrenzen einführt, dient lediglich der bürokratischen Erleichterung wie z.B. für die Aufnahme in
den Kitas, Einschulung, Volljährigkeit, für Beihilfen im Sozialrecht
oder der Durchführung von Planungsrechnungen im Personalwesen
und der individuellen Lebensplanung. Wenn von Differenzierung im
Alter die Rede ist, dann meinen wir die enorme Ungleichartigkeit
von älteren Menschen im Vergleich zueinander. Damit ist die Altersgruppe im Grunde sehr heterogen.

*Wie sehen Sie das Alter? Gibt es eine Altersgrenze aus Ihrer Sicht,
die Sie gerne im Alltag anwenden?*

Der italienische Philosoph Norberto Bobbio[19] spricht vom ›Alter‹
und dem ›alter Alter‹. Dieses Unterscheidungsmerkmal ist beste-
chend, da es die Spätlebensphase eines Menschen im Alter stärker
differenziert: Spätestens mit dem Ausscheiden aus dem Erwerbsleben bezeichne ich die Phase bis achtzig als das ›Alter‹ und den Zeit-
abschnitt nach achtzig als das ›alter Alter‹. Gewiß, meine Einteilung
des Alters ist nach Belieben erfolgt, aber ich stelle in Gesprächen
fest, daß so manche Begegnung unverhofft freundlich verläuft.»Noch
so jung im alter Alter geblieben!« – ein so nettes Kompliment bringt
den Anderen zum Lächeln, stimuliert ihn manchmal zu einem an-
regenden Gedankenaustausch. Dieses Lächeln kann ihm niemand
nehmen. Ein Lächeln, das den Alltag in einem anderen Licht erscheinen läßt. Ein Lächeln.

Herbsttag

Herr: es ist Zeit. Der Sommer war sehr groß.
Leg deinen Schatten auf die Sonnenuhren,
und auf den Fluren lass die Winde los.

Befiehl den letzten Früchten voll zu sein;
gib ihnen noch zwei südlichere Tage,
dränge sie zur Vollendung hin und jage
die letzte Süße in den schweren Wein.

Wer jetzt kein Haus hat, baut sich keines mehr.
Wer jetzt allein ist, wird es lange bleiben,
wird wachen, lesen, lange Briefe schreiben
und wird in den Alleen hin und her
unruhig wandern, wenn die Blätter treiben.

Rainer Maria Rilke

Mit zunehmenden Jahren laufen Tränen häufiger über die Wangen. Tränen können heilend wirken. Beim Älterwerden, eigentlich in jeder Lebensphase, ist eine schlichte Gelassenheit vonnöten, um Verständnis für die jeweiligen Eigenheiten und Herausforderungen im Verlauf der Zeiten zu finden. Gelassenheit ergibt sich aus jeder Art von erfreulicher Sinnlichkeit wie eine Schönheit im Straßenbild, gute Gefühle als Lebensgewürze, Begegnungen mit Menschen lachend oder weinend. Eine Welt ohne Freunde gleicht einer Wüste, die Tränen auslöst. Es fehlt das Gespräch. Nur eine gelassene Heiterkeit, die die Seele weitet, bringt das Glück der Fülle quäntchenweise voran.

Was bedeutet das Werden im Alter? Ein Schwinden der Kräfte?

Es liegt doch in der Natur, daß das Leistungsvermögen zurückgeht, je älter man ist und wird. Aber man darf nicht vergessen, daß sich im Alter das Gehirn noch verändern kann, es sei denn, daß Schwersterkrankungen oder Behinderungen diesen Prozeß weitgehend verhindern. Auf der anderen Seite können ältere Menschen durch ihr Wissen oder ihre Erfahrung das Umfeld bereichern. In der Erwerbswelt üben vor allem ältere Menschen durch ihre jahrzehntelang innerlich gefestigte Persönlichkeit eine vorbildliche Charakterrolle aus. So kommt ihre Motivation jüngeren Mitarbeitern zugute, aber auch dem Unternehmen. Das Personalwesen steht also vor der Aufgabe, die Entwicklung zu verfolgen und den Einsatz älter werdender Mitarbeiter auf die Bedürfnisse des Betriebes auszurichten.

Ist Ihnen bei den älteren Mitarbeitern gegen Ende Ihres Erwerbslebens nicht ein starkes Motiviertsein begegnet?

Neben der Privatsphäre dürfte die Ursache vorwiegend im beruflichen Wirkungskreis zu suchen sein. Das Betriebsklima ist dafür verantwortlich, aber auch die Förderung von Weiterbildung, die der Betrieb nicht allzu früh für ältere Mitarbeiter einstellen sollte. Ansonsten bedingt dies ein Gefühl des Ausgegrenztseins und führt zu einer Art innerer Kündigung. Das eingesetzte Humankapital sollte aber mehr als ein Kostenfaktor sein. Daher ist es zu begrüßen, wenn die rechtlichen Rahmenbedingungen hinsichtlich des Ausscheidens aus dem Erwerbsleben Flexibilität erlauben, und die Gewerkschaften alle diese Möglichkeiten pragmatisch unterstützen, weil der Arbeitswillen eines Mitarbeiters über das gesetzliche Renteneintrittsalter hinaus eine Angelegenheit zwischen dem betreffenden Arbeitnehmer und der Geschäftsleitung ist. Eine spezielle Software kann der Personalplanung behilflich sein, wenn es darum geht, welche

Kompetenzen im Betrieb altersbedingt ausfallen, und wie diese durch frühzeitige Ausbildung ersetzt werden können. Dort, wo der demografische Wandel recht spürbar ist, steht diese Hausaufgabe umso dringlicher an.

Darüber hinaus haben manche Mitarbeiter neben ihren Kindern auch pflegebedürftige Angehörige zu versorgen. Das bedeutet, daß je nach Bedarf für diese Menschen eine Unterbringung zu beschaffen wäre.

Können sich bereits jüngere Menschen alt fühlen?

Das hängt von der Lebensweise eines Menschen ab. Es ist eine Frage der psychologischen Selbsteinschätzung. Ereignisse im Umfeld, Berufsaussichten und wenig Erholung können gravierende Ermüdungserscheinungen hervorrufen. Lockerer Lebenswandel oder widrige Umstände im Innen- oder Außenraum im Nah-Horizont und Fern-Horizont haben starken Einfluß auf die Gesundheit. Einer Verschlechterung der Lebenslage aus psychologischer Sicht läßt sich unter Umständen leichter entgegenwirken als einer aus Gründen biologischen Abbaus.

Einmal mehr weg von der Taktung des Alltags. Mehr Muße! Etwas Selbstbestimmtes tun, etwas mit Freude tun, was den Sinn in sich selbst findet. Entspannung, Erholung, Meditation sind die erforderlichen Schritte zur seelischen Gesundung.

Aber wo?

Entspannungseffekte können Garten-, Feld- oder Waldarbeit auslösen. Aber auch Heimwerkerbeschäftigung oder ein Besuch im Baumarkt, in Galerien oder Museen. Selbst ein Aufenthalt auf dem Balkon oder ein Beugen über die Brüstung. Erholungsorte wie die umgebende Landschaft – eine Ausfahrt im Rollstuhl durch die Parkanlage oder eine Spazierfahrt – oder Bayerischer Wald, Eifel, Ahrtal, Nord- oder Ostsee, Schwarzwald, Orte am Mittelmeer, Karibik oder Pazifik. Besuche in Venedig, Rom oder Lissabon.

Blättern wir in Biografien, so haben Kant und Schiller keinen Urlaub genommen. So kam Kant nie über Königsberg hinaus. Er hinterließ ein philosophisches Werk, das an Geistesschärfe seinesgleichen sucht. Sein Umfeld genügte ihm, um in Zufriedenheit zu leben und Großartiges zu schaffen. Mag sein, daß Reisen den Horizont erweitert oder bildet. Kann sein, muß aber nicht.

Reisen gehört zum Leben und wird als ein universales Menschenrecht betrachtet. Gewalt beeinflußt zwar die Reiseströme, aber sie bringt den Tourismus nicht zum Stillstand. Denn die meisten Reisenden schätzen die Lage der einzelnen Urlaubsregionen richtig ein und verhalten sich dementsprechend vernünftig. Jedoch stellte sich der Tourismus als Friedensstifter als eine Illusion heraus, ebenso die Einflußnahme des virtuellen Reisens. Die Wirklichkeit zählt eben mehr als das Flimmern von Bilderbuchlandschaften vor Augen.

AM RANDE. Ein Wink des Schicksals brachte uns nach Rom. Eine Stadt wie kaum eine andere – kultur- und kunstgeschichtlich unergründlich. Das Umland mit seinen etruskischen Kultstätten; das Forum Romanum; unter Kaiser Konstantin Wallfahrtsziel der Pilger und Brennpunkt aller Frömmigkeit; danach geistiges und politisches Zentrum des Westens, wobei gegen Ende des 4. Jahrhunderts die Stadt christlicher, die Kirche römischer wurde; aber allmählich an Bedeutung und Wohlstand verlor; mit der Einnahme Jerusalems 640 n. Chr. durch den Islam die einzige Heilige Stadt der Christenheit; regenerierte sich wieder seit Karl dem Großen bis ins späte Mittelalter; wie die Stadt noch heute die Erinnerung an ihre heidnische Vergangenheit und die christlichen Anfänge wachhält; wie die Kirche zu einem geistlichen, politischen und kulturellen Machtfaktor wurde, der Rom prägte und ausformte wie auch die Verordnung aus dem Jahr 111 Kaiser Trajans, der die zulässige Bauhöhe auf fünf Stockwerke beschränkte; wie sie dieses Erbe trotz so mancher widrigen Umstände bewahrte und wie sie gegenwärtig Besucher und Pilger aus nah und fern mit den antiken Bauten, Kirchen, Mosaiken, Malereien und Bildhauereien, mit Stadtmauern, Gassen, Winkeln, Straßen und Plätzen herbeilockt und überrascht. Wie wäre es mit einem besinnlichen Flanieren durch das historische Zentrum?

Die Stadt Rom ist unerschöpflich. Hilfreich wäre die Kenntnis der Papstgeschichte, um ihre wechselvolle geschichtliche Entwicklung im Wandel der Zeiten und ihr Profil als religiöser und kultureller Mittelpunkt zu erschließen.

Mein verrücktes Rom! Das Hiersein fasziniert durch Betrachten, Staunen und Begreifen als Dreiklang. Ein schöner, traumhafter und zugleich anstrengender Ort. Er bietet kreatives Schmiermittel an, das religiös Inspiration und technisch Input bedeutet. Design, Mode, Geschäftsauslagen, Geschmack und das belebte Straßenbild verwöhnen den Augenmenschen. Ziehe ich Bilanz, so konnte ich es mir kaum vorstellen, mein eigenes Leben in der Spätphase in ein Vor-Rom und Nach-Rom zu gliedern.

Orte der Stille! Der Campo Santo Teutonico und die Abtei Tre Fontane. Der Campo[20] ist die älteste deutschsprachige Kultureinrichtung, eine Enklave auf vatikanischem Hoheitsgebiet, die Kaiser Karl der Große während seines ersten Rombesuchs im Jahr 787 als eine ›Schola Francorum‹ mit Kirche, Pilgerherberge und Friedhof gründete, während die Abbazia delle Tre Fontane mit ihren drei Kirchen – der spätromanischen Abteikirche, der barocken Kuppelkirche mit der Scala Coeli und der Chiesa di San Paolo al Martirio (1599) – als Stätte des Martyriums des Völkerapostels Paulus – inmitten einer Wohnsiedlung gelegen ist.

Wie stehen Jung und Alt zueinander?

Eltern machen sich Sorgen um ihre Kinder. Das beginnt schon lange vor der Geburt und hört im Grunde nie auf. Und dies ist auch gut so. Es gehört einfach zum Elternsein, die Kinder im Auge zu behalten. Jedoch sollte man die Zügel nicht allzu straff anziehen. Manchmal muß man sie einfach gewähren lassen. Denn die Jugendlichen sind nicht so unverantwortlich, wie man meint. Eher pragmatisch, realistisch, engagiert, gestaltungsfreudig, tolerant und weltoffen. Vorbildlich wäre der elterliche Erziehungsstil, wenn er mehr Gelassenheit zeigte und der jüngeren Generation mit viel Wohlwollen entgegenkäme. Auf klare Regeln sollten die Eltern jedoch nicht verzichten.

In unterentwickelten Ländern und in Schwellenländern haben ältere Menschen einen hohen sozialen Stellenwert, da sie im Gesellschaftsleben Garant der Kultur und Erbe des Brauchtums sind und sich der Tradition des ganzen Gemeinwesens gegenüber verpflichtet fühlen. Die Jüngeren betrachten die Alten als Vorbilder, sie sind Ansprechpartner in Lebensfragen, bitten um Rat im Alltag, im Verstehen religiöser Sitten und Rituale wie auch des Himmels und der Götterwelt. Es ist eine Lebenswelt, die von der Tradition her geprägt ist, wo noch Erfahrungen und handwerkliche Fähigkeiten der Väter an ihre Söhne weitergegeben werden.

In den fortgeschrittenen Gesellschaften dagegen geschieht seit einigen Jahrzehnten ein kultureller Wandel, der sich immer rascher vollzieht mit der Folge, daß das Wissen der Jüngeren vor allem im Hinblick auf die Technik und ihre Anwendung im Alltag das Wissen der älteren Menschen bei weitem übertrifft, geradezu überrollt. Selbst eine Verschiebung von Werten im Wertesystem kann so manche Gewohnheiten oder Einstellungen der Älteren ins Wanken bringen, ja sogar umstürzen. Dieser Wandel ist hauptsächlich die Ursache für das Gefühl des Ausgegrenztseins im Alltagsgeschehen. Dieser Prozeß kann jene treffen, die sich dem lebenslangen Lernen verschließen. Noch in der Spätlebensphase bieten sich Möglichkeiten personaler Weiterentwicklung.

Selbst als alter Alter gestehe ich, daß es Neuentwicklungen auf dem wissenschaftlichen, medizinischen oder technischen Gebiet gibt, die ich nicht mehr verstehe. Ich weiß, wie alt ich bin! Durch mein Gesicht ziehen noch keine Falten. Das Gesicht zeigt sich wie ein gewalzter Acker. Die Jahre hinterlassen aber beginnend ihre ersten Spuren.

Wird das Alter nicht allzu sehr vermarktet?

In Alten- und Pflegeheimen begegnet man älteren Menschen, so wie sie sind. Der Medizin gelingt es zwar, das Leben zu verlängern, aber selten, es erträglicher und angenehmer zu gestalten. Für manche Menschen ist es ein künstlich geschaffenes Weiterleben, das den Übergang lediglich zeitlich verschiebt.

In der heutigen Konsumgesellschaft wird der alte Mensch zu einem rüstigen Senior für Werbezwecke hochstilisiert, der uns im Fernsehen oder Hochglanzmagazinen glücklich und voller Schwung in die Augen schaut, der auf einem Kreuzfahrtschiff vergnügliche Tage verbringt und Animation genießt, der ein vielversprechendes Stärkungsmittel oder ein Tonikum in Händen hält. Das Alter wird vermarktet, weil die Wirtschaftswelt in dieser Altersgruppe den idealen Konsumenten erblickt. Wir leben in einer Zeit, in der fast alles ge- und verkauft werden kann.

In den beiden letzten Jahrzehnten haben die Märkte es geschafft, unser Leben wie nie zuvor zu bestimmen. Die Dominanz des Geldes verdeutlicht, daß je mehr für Geld zu kaufen ist, desto wichtiger ist es, Geld zu besitzen. Die Schere zwischen Reichen und Armen klafft weit auseinander. Alle staatlichen Bemühungen laufen ins Leere. Ungleichgewichte entstehen, die im sozialen Umfeld Explosionsherde schaffen. Je stabiler jedoch ein Gesellschaftssystem ist, kann die Explosivität herabgemindert werden. Je instabiler ein Staat ist, umso mehr zerfällt er in Mächtegruppen, die sich aus den unterschiedlichsten Quellen finanzieren lassen, Unterwanderung ermöglichen und anfällig für Zersetzungserscheinungen werden. Nachbarländer, mehr noch ganze Regionen geraten in den Strudel, der die sozialen Gebilde in ihrem Bestand untergräbt. Solche Lebensumstände verunsichern Jung und Alt in ihrem kulturspezifischen Umfeld. Unkultur breitet sich aus.

Wie stellen Sie sich Ihre Altersreise und Lebensweise vor?

Das Leben im Alter markiert auf dem Feldweg einen Abschnitt, der von dieser Stelle an dadurch geprägt wird, wie ich das Leben gestalten werde: Ist es ein Weg durch einen dichten, dunklen Wald wie im Südschwarzwald, in welchem ich mich verirre, weil ich nicht weiß, wie ich aus ihm wieder herauskomme, oder ein Höhenweg wie auf dem Brendener Bergrücken, den ich bis zum Ende gehen muß? Das Alter kann sich als heiter oder traurig, ruhig oder unruhig, froh oder ängstlich, unternehmerisch oder passiv, fürsorglich oder distanziert, bescheiden oder gierig, neugierig oder zurückgezogen erweisen.

Hartnäckiges patriarchalisches Gebaren verschreckt nur das Umfeld. Geldanlage am Ende des Lebens ist weniger eine Frage der Produkte, sondern eine der Verteilung. Dazu gehört auch die Frage der rechtzeitigen Vermögensübertragung. Die Vermögensverteilung wiederum wird von den Familienverhältnissen, dem Vermögen und seiner Struktur sowie besonders davon bestimmt, ob ein Unternehmen oder nur Unternehmensteile zu vererben sind. Dabei sind in der Gesamtschau vier Ebenen in die Überlegungen einzubeziehen: die gesellschaftliche, wirtschaftliche, rechtliche und steuerliche Ebene.

Was brauche ich, was kann ich verschenken oder vererben? Was geschieht, wenn ich das Hochalter erreiche? Diese Frage schon läßt sich nicht beantworten. Weil es keine Antwort darauf gibt, halten ältere Menschen häufig krampfhaft am Geld oder an der Geschäftsführung fest. Das führt zwangsweise zu Ängsten, innerer Unruhe und Abhängigkeit, die einem die Lebensfreude nehmen können. Eine einfache Lösung sehe ich darin, die Rücklage angemessen zu erhöhen. Bei all diesen Überlegungen ist die Höhe der Kosten und Gebühren zu beachten. Ob man Vorabschenkungen in welcher Form auch immer macht oder alles in einem Testament regelt, ist eine Stil- und Gewissensfrage.

Die Dimension des Alters, so meine ich, liegt im Gewesenen, in der Erinnerung. Es ist zugleich eine Lebensphase, die von eigener Dignität geprägt ist. Dabei ist zu berücksichtigen, daß jeder Mensch das Kind seiner Zeit ist. Die Spanne der künftigen Zeit bis zum Ende des Weges ist ungewiß, mag kurz sein. Schätze die Zeit, die dir verbleiben mag und geh deinen Weg der Erinnerungen, verstehe deinen Lebenssinn und gehe deiner Lebensfreude im Rahmen der Möglichkeiten nach. Im Spätalter versuchst du, dein Gedächtnis bis in die letzten Winkel durchzustöbern, um Vergangenes an den Tag zu bringen. Je nach der Anzahl der Markierungen auf dem Feldweg werden sich Ereignisse durch geistige Tätigkeit wieder auftun. Man erinnert sich an gute oder schlechte Erlebnisse. Dabei erinnerst du dich an bewußt gewählte Optionen, für die nicht immer Eigeninteresse ausschlaggebend waren. Im Rückblick hattest du deine Beweggründe für all deine Handlungen, vorgebrachten Überzeugungen und Meinungen.

Im Verlauf meines Lebens habe ich große Verantwortung für meine Familie, Freunde und Unternehmen übernommen. Darüber hinaus ist mir die Kontaktpflege wichtig. Je älter ich nun werde, stelle ich fest, daß die Schar der Freunde und Nahestehenden kleiner wird. Zunehmende Immobilität, Krankheit und schließlich der Tod sind die Fakten. Mittels Erinnerung rufe ich die Verstorbenen ins Gedächtnis, so daß sie vor mir wieder auftauchen. Im Rückblick wird mir des öfteren bewußt, daß ich in dem Kontext meiner Lebenswelt vielfach Ich-Stärke gezeigt habe. In all diesen Fällen habe ich zu meiner Zufriedenheit meine personale Identität gefunden.

Erleben Sie Ihren Aufenthalt in der Welt als innere Bejahung?

In-der-Welt-sein heißt die Lebenswelt voll bejahen, die Materie zu schätzen wissen, mit freudigen Sinnen die Welt lieben, Schönheiten wahrnehmen und staunend bewundern, die Arbeit verrichten, auch wenn sie einem einmal nicht behagt. Das Leben annehmen, sich ständig mit sich und seinesgleichen plagen, gleichgültig in welche Verhältnisse man hineingeboren wurde. Richtiges Handeln verschafft Zufriedenheit, die dem eigenen Leben Struktur verleiht, die mir, wenn ich es im Rückblick betrachte, zu einem hohen Zufriedenheitsniveau verhalf. Nur der Mensch ist es, der zu schätzen weiß, was Glück ist.

Hoffentlich erlaubt es meine Gesundheit, meinen Feldweg noch lange zu gehen, Einsamkeit zu vermeiden und des öfteren in Rom zu verweilen. Dort kann ich tun, was ich am liebsten mache, mich im Sog der Stadt treiben lassen, durch Gassen spazieren, um das Buch ihrer Kulturgeschichte aufzublättern, Szenen im Alltag beobachten, um das wahrhaft Menschliche herauszuschälen, wie auch die besondere Schönheit der Stadt zwischen Bergen und Meer gelegen erschließen. Bringt man den Sinn fürs Schöne mit, gelingt eine alle Sinne umfassende Stadtentdeckung: Kunst und das Göttliche.

11. Leben altert

Menschliches Leben in der Vielfalt des Denkens und Handelns findet in der Zeit statt. Zu den Grundeigenschaften des Menschen gehören Gier und Geiz. Um den Egoismus in seiner Wirkungskraft im Alltagsgeschehen einzudämmen, hat Adam Smith die unsichtbare Hand Gottes ins Rollenspiel gebracht. Heute hat sich das Marktgeschehen völlig der Freiheit überlassen: Jeder Marktteilnehmer soll gewinnen! Es kommt zu Überhitzung und zu Korrekturen. Auf der Strecke bleiben die Verlierer: der Staat oder seine Bürger. Regeln greifen kaum. Es erweist sich als schwierig, die Gewinngröße oder Boni als verbindliche Normen festzulegen. Dazu sind weder das Naturrecht noch die Ethik in ihrer jeweiligen Auslegung imstande. Der geldliche Meßwert hat nun einmal keinen Naturfeind außer dem Neid.

Im Marktgeschehen befindet sich jeder Marktteilnehmer im Vergleichskampf mit der Welt. Komplexität, Geschwindigkeit, Wettbewerb und gefühlte Unberechenbarkeit nehmen zu wie der Zeiteinsatz. Für den Erfolg sind dreierlei Dinge zu beachten:
1. Wie wirkt sich meine Entscheidung auf das Ergebnis und das angestrebte Ziel aus?
2. Was bewirke ich mit welchen Entscheidungen?
3. Wodurch kann ich mein Fortkommen oder den Fortbestand festigen?

Veränderungen sind Chancen, kein Verrat. Bedenken wir, daß jede Station im Leben nur ein Baustein im Gesamtbild ist. Ändere dein Leben, wenn sich Möglichkeiten bieten. Brüche sind nicht auszuschließen. Entscheidend ist, was man aus dieser Phase lernt. Wer eine tiefe Krise überwindet, beweist Durchhaltevermögen, Disziplin, Willenskraft und lebensstärkende Fähigkeiten. Versuche, großartig zu sein!

Das Streben nach Glück oder ›pursuit of happiness‹, wie es in der amerikanischen Verfassung heißt, fällt nicht als Geschenk vom Himmel. Man muß selbst dafür etwas tun. Es kommt niemand drum herum, das eigene Lebensglück zu bestimmen. Die Endlichkeit von Lebensentwürfen ist eine unumgängliche Gegebenheit, gleichgültig ob im Beruf oder in der Partnerbeziehung. Die klassische Philosophie kennt Lebenskunst und Bewußtsein der Endlichkeit als zwei Seiten derselben Medaille.

> Am Unsrigen wollen wir uns freuen,
> Ohne zu vergleichen: niemals wird
> Jemand glücklich sein, wenn es ihn
> Quält, daß ein anderer glücklicher ist.
> *Seneca (gest. 65 n. Chr.)*

Vieles im Leben ist vom Glück abhängig. Doch auch schnell bricht das Unglück herein. Es hat dann nicht viel Sinn, dem Geschehen Vorwurfe zu machen. Und ständig nur zu hadern, ist kein Allheilmittel. Es läßt Menschen in Melancholie oder in Depression fallen. Wie gehen Flüchtlinge mit ihrem Schicksal um, das sie ungefragt getroffen hat? Was erwarten sie? Wer hilft ihnen? Steht nicht die Weltgemeinschaft in Verantwortung? Ungewollt stellt das Leben den Vertriebenen eine existentielle Aufgabe! Verglichen damit sind so manche Befindlichkeiten eine Kleinigkeit gegenüber den Menschen, die in Todesangst flüchten und um das Leben ihrer Kinder fürchten.

Lebenskunst und Lebensfreude sind für den Alterungsprozeß von Bedeutung. In dieser Phase der Ungebundenheit gewinnt die Zeit die Dimension einer Lebensqualitätsbestimmung. Frei über den Tag bestimmen, mir selbst die Arbeit zuteilen, mein Tagespensum planen und abarbeiten, sind Potenzen der Lebensgestaltung. Das eigene Verhältnis zur Lebenszeit und -gestaltung nicht aus den Augen zu verlieren und zu einer positiven, aktiveren Beziehung zur Zeit zu gelangen, ist die Herausforderung der Tage im Leben.

Die Zeit tröpfelt nicht mehr, sondern rast dahin. Je nach Alter habe ich noch zehn, fünfzehn Jahre vor mir, vielleicht aber auch nur fünf, ein Jahr oder weniger. »Carpe diem!« heißt es bei Horaz. Dieser Aspekt macht die Kostbarkeit und Zerbrechlichkeit des Lebens sehr deutlich. Pascal spricht vom »denkenden Schilfrohr«, von einem schwachen Wesen.

Mit der Verrentung beginnt das Leben im Alter. In der Regel lassen sich zwei Phasen unterscheiden: das Alter als drittes Lebensalter und das alter Alter als viertes Lebensalter ab 80. Da ein alter Mensch kaum noch einer Erwerbstätigkeit nachgeht, scheidet man aus der Erwerbsgesellschaft aus und steht allein in der Lebenswelt. Wohlbefinden, Familie, Umfeld und materielle Bedingungen, deren Fehlen zu einem bloß animalischen Leben verdammen, nehmen Einfluß auf die zu erwartende Lebensqualität. Armut verschlimmert die Lebenslage und schließt Türen zur Teilhabe am kulturellen Leben, verursacht Vereinsamung und Unfähigkeit, aktiv zu bleiben. Außerdem sollte man sich nicht aus dem Alltag verabschieden und sich in die Eigenwelt, in die echoartigen Selbstbespiegelungsräume des Internet zurückziehen.

Das Alter hat aber auch eine nicht zu unterschätzende gute Seite. Denn es verfügt über Zugriffe auf Zeit wie sonst keine andere Lebensphase. Neben der Tugend der Besonnenheit, die bereits in früheren Lebensphasen zu erwerben und anzuwenden war, ohne die die Vernunft im Menschen nicht zur Entfaltung kam, ist die Umsetzung der und das Angewöhnen an Gelassenheit entscheidend.

Ist subjektiv empfundenes Wohlbefinden dem kurzfristigen Glück zuzuordnen, so die Lebenszufriedenheit dem langfristigen Glück. Thomas von Aquin (1224-1274) sagt: »Das letzte Ziel des Menschen ist das Glück.« Erfülltes Leben? Sinn des Lebens? In der klassischen Metaphysik stellen sich diese Fragen kaum, da drei Grundthemen wie Gott, Freiheit und Unsterblichkeit anstehen. Erst im zunehmenden Individualismus rückt der Sinn des Lebens stärker in den Vordergrund. Außerdem liegt ein weiterer Grund in der wachsenden Bedeutung der Naturwissenschaften, die dem Menschen eine gewisse Ortlosigkeit in den unermeßlichen Weiten des Universums zu erkennen geben.

Die moderne Kosmologie offenbart das Fehlen eines Mittelpunktes, was dazu führt, daß sich gar kein objektiver Sinnbegriff auf dieser Ebene entwickeln konnte. Das bedeutet wiederum, daß ein jeder auf sich selber, auf seine eigene aktive Lebensgestaltung angewiesen ist, dem zeitlichen Da-Sein einen Sinn zu geben. Mit anderen Worten: Am Ende seines Feldweges sollte ein jeder mit sich im Reinen sein und zu sich sagen können, daß er die Möglichkeiten seiner Veranlagung ganz genutzt und alles unternommen hat, um mit seiner Tätigkeit das Sinnvollste daraus zu machen. Besagt nicht das Gebot der Vernunft, daß der Andere genauso glücklich werden soll wie man selber? In einer solchen Umgebung, wenn man dies einmal nur aus dem Nah-Horizont betrachtet, lebt jeder besser.

Wie steht es neben dem Lebenssinn mit der Lebenserwartung im Altertum?

Einflüsterungen in Gestalt von Klischees bereiten großen Kummer. Sie bewirken, daß das Denken in den Wellen der Vergeblichkeit des Denkens versinkt. Beim Denken dreht sich alles um das Gelingen der Kognition. Was die Lebenserwartung im Altertum angeht, so starb nicht jeder jung. Waren die Kinderkrankheiten einmal überstanden, erreichten die besser stehenden und gut ernährten Menschen durchaus ein hohes Alter. Ältere Menschen waren damals hoch angesehen und geehrt. Sophokles wurde neunzig Jahre alt und schrieb noch eine Tragödie.

Was sah der Lebensplan vor, der wohlhabend war?

Im Volksmund heißt es bei uns, daß der Müßiggang aller Laster Anfang sei. Bei den Griechen, die genügend Geld besaßen, war es nicht
das Lebensideal zu schuften. In der griechischen Philosophie wurde
bereits vieles an- und durchdacht: Platon (427 - 347 v. Chr.) und Aristoteles (384 - 322 v. Chr.) haben das Gute und Gerechte hervorgehoben. Beide kommen in der Ansicht des Naturrechts trotz mancher
unterschiedlichen Auffassung überein, daß der natürliche Wille zum
Guten vorherrsche. Die Gerechtigkeit im Staat bedarf der Vernunft,
die bei Platon in seiner *Politeia* durch die Philosophen ausgeübt wird.
Die Griechen besaßen geistige Wendigkeit, denkerischen Wagemut
und Forscherdrang. Sie kannten kein Letztes Gericht und strebten
keine Weltherrschaft an. Athen und Rom waren grundverschieden.

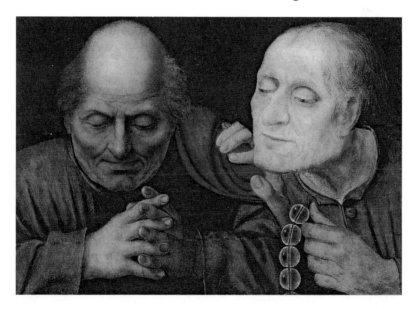

*Quentin Massys (1466-1530): Im Gebet versunken. Öl auf Leinwand, ohne
Datierung. (Galleria Doria Pamphilj, Rom)*

Mehr Lebensqualität im Alterungsprozeß zu schaffen, ist ein schwieriges Unterfangen. Um-, Neu- und Überdenken muß stets erfolgen. Aber mit dem Älterwerden endet der Evolutionsprozeß, da das menschliche Genom schwächer wird und sich an Plastizität wie auch an Präzision erschöpft. So lassen Denk- und Gedächtnisfähigkeit in hohem Alter nach.

Zum Alter sagt Ralph Giordano am 20. März 2013 über sich selbst: »90 Jahre. Das ist eine ungeheure Strecke. Was für ein Wunder. Was für ein mörderisches Jahrhundert, durch das ich gekommen bin.« Als Sohn einer jüdischen Mutter und eines sizilianischen Vaters hat er die Verfolgung durch die Nazis in seiner Hamburger Jugendzeit überlebt. Er fährt fort: »Ich habe Glück mit meinen Genen gehabt. Ich habe keine akute Krankheit, alles funktioniert. Nur mein Energiehaushalt, mein Kräftepotential, ist reduziert, das spüre ich deutlich.« Wer kann das in einem solchen Alter von sich sagen?

Mit jedem Jahr mehr wird man nicht nur älter, sondern gelangt unaufhaltsam dem Ende des Feldweges näher, ohne jedoch zu wissen, wann das Ende eintritt. Je jünger man ist, hat man die Empfindung, zeitlos und unendlich zu leben. Doch dieses Empfinden wird je nach Lebenseinstellung umso bedrückender, je stärker und länger man das Leben bereits hinter sich gebracht hat. Was geschieht noch auf der letzten Wegstrecke? Welche Optionen werden mir noch gewährt? Ist es nicht so, daß das Alter froh und fromm macht? Oder nach Hölderlin: »Es ist ruhig, das Alter und fromm.« Welche Ereignisse und Erlebnisse in der Zeit werden mir zuteil und bereiten mir große Freude? Ein Wort hat es mir besonders angetan – Freude. Lachen ist nun einmal die beste Medizin. Oder nach Umberto Eco: »Lachen tötet die Furcht.«

Ein einschneidendes Ereignis ist der Tod des Partners. Überwallende Einsamkeit. Quälende Einsamkeit fortan! Über den Tag furchtbares Alleinsein. Aus dem bisherigen Lebensbuch fallen Blätter. Es wird dünner.

Die nun herrschende Angst vor dem Alleinsein erfaßt in aller Wucht den Überlebenden und graviert sich ein in die Frage: Wie komme ich zurecht? Werde nicht matt! Werde nicht müd! Ersticke nicht an der Last! Das Leben fortan pflügt zwischen Ermüdung und Gottvertrauen. Auch du gehst nach anstrengenden Jahren der Rast entgegen. Eine Erquickung im Jenseits!

> Glaube ist Auferstehung,
> Liebe Verehrung,
> Aufnahme unsre Hoffnung.

Mein Körper mag müde, meine Knochen gebrechlich, mein Herzschlag stockend und abgehetzt sein, aber das, was sich nicht verändert, ist mein Selbst, meine Seele, die nicht an die Zeit gebunden und daher nicht zerstörbar ist. Sie ist ein winziges Staubkörnchen, ein Lichtquant – wahrlich nicht viel im planetarischen Raum. Das Axiom der Endgültigkeit haben neben Religionsgründern Metaphysiker wie Platon oder Psychologen wie C. G. Jung (1875-1961) von sich abgewiesen. Es ist und bleibt jedoch ein währendes Thema.

In meinem alter Alter war es eine große Sorge herauszufinden, wie und wo dieses Büchlein auf meiner alten Schreibmaschine geschrieben werden konnte. Es müssen Gedanken wie in einer Gärkammer gluckern und sich darüber hinaus kreative Lust einstellen. Zwei Jahre führte ich ein Doppelleben: Ein ernsthaftes Leben – bestehend aus Gesprächen, Nachdenken, Niederschreiben und nochmals Niederschreiben. Ein zweites von glücklicher Zufriedenheit erfülltes Leben in unserer Hütte inmitten des Südschwarzwalds oder in einer *insula* in Rom.

An Frau und Tochter habe ich treue und wertvolle Pfeiler. Ich erinnere mich, wie die Tochter als Kind vom Dachfenster eines alten Bauernhofs auf einer Anhöhe am Rande des Waldes oder von der knarrenden Holztür aus zum Abschied mir fröhlich zuwinkte oder wie sie nach dem Schlafengehen auf das gemeinsame Abendgebet und den Gutenachtkuß wartete. Wenn ich heute meine mentale Zeitreise antrete und mich an diese Tage zurückerinnere, kommt mir die Zeit recht kurz vor. Es war der Sommer meines Lebens. Eine Hymne auf mein Leben.

Das Leben im Spiegel der Zeit ist ein ›Leben in der Zeit‹, in dieser ›lebt‹ es, und seine Zeit ist es, in der es sich bewegt. Heidegger hat uns mit dem Thema vertraut gemacht, mit der Sorge und der Zeitlichkeit des Da-Seins. Da es mit Dingen und Menschen umgeht, ist es welthaft. Dieser Umgang vollzieht sich in der Lebenswelt, so daß sich die Sorge kulturspezifisch und gradmäßig je nach Lebensumständen vielfältig unterscheidet. Das Vertrauen in den Staat wird aber nur dann gewährleistet, wenn er z.b. die Eigentumsrechte seiner Bürger garantiert. Wenn dieses Recht hinfällig wird, potenziert sich die Wirkung auf die Sorge eines jeden in unvorstellbarem Ausmaß.

In einigen Staaten drängt sich die Aufgabe der nationalen und inneren Sicherheit auf: das Gesichertsein der Bürger gegenüber Terror, Amok, Gewaltverbrechen, sexuellen Übergriffen sowie machtpolitischen und religiösen Gefährdungen. Vielfältige Herausforderungen kommen auf den Staat zu. Verbrechen keimen im Verborgenen. Prävention kann dann hier weiterhelfen. Vor allem ein Rechtsstaat braucht wache Augen und respektable Antworten. Auch Weitblick ist gefragt.

Die Verschuldenskrise weltweit seit Jahrzehnten explosiv wachsend hängt wie ein Damoklesschwert über den Bürgern. Daher geht es im wesentlichen um Fragen wie dem realen Geschehen in den verschiedenen Lebenswelten und vordergründig um die Lebenssituation eines jeden. Maßgebend sind die materiellen Grundbedürfnisse in allen Lebensphasen, die die Existenz erst ermöglichen. Was das im einzelnen bedeutet, läßt sich nicht in der Vielfalt des Alltags eindeutig definieren. Die soziologischen Differenzen und Wechselwirkungen geben kein einheitliches Weltbild, das unser Leben erleichtert.

Die Wirklichkeit ist ein dialektisches Geschehen, das verlangt, daß der Mensch in seinem Umfeld steht und in diesem handelt. Vitalität und Aktivität zeichnet den Menschen noch zum Zeitpunkt seines Ausscheidens aus dem Erwerbsleben aus. Mit dem Älterwerden wird sein Zuhause mehr und mehr in Beschlag genommen. Es wird zum Mittelpunkt seines Lebens, weil sich der physische Aktionsradius einengt. Zeitverwendung außerhalb seiner Wohnstätte ist stets Indiz und Gradmesser für die Teilnahme älterer Menschen am Kulturleben ihrer Region. Zugleich verlangsamt sich der Lebensrhythmus und Phasen des Ruhebedürfnisses nehmen zu.

Das Zeitempfinden älterer Menschen geht rascher vorüber als im Vergleich hierzu bei Kindern und Jugendlichen.[21] Am besten stellt man dies bei Routinearbeiten fest, bei denen man empfindet, als würde die Zeit stillstehen. Die Zeit vergeht schneller, wenn der Alltag von neuen Erlebnissen unterbrochen wird. Hinzu kommt, daß die vergehende Zeit und die Zeiträume immer im Verhältnis zum Lebensalter gesetzt werden. Ein Kind, das spielt oder dem vorgelesen wird, hat ein anderes Zeitgefühl als ein Erwachsener, der nach der Uhrzeit lebt, wie es im Erwerbsleben zugeht. Es ist aber festzuhalten, daß an manchen Tagen die Zeit nicht schnell genug vergeht, weil sich vielleicht kein Lebenssinn einstellt.

Altersschwäche! Das Papstamt mit dem schier unmenschlichen Pensum verlangt uns Respekt ab. Erkenne dich selbst! Dieses Erkenntnisvermögen liegt oft im Argen. Man bleibt sich vielem schuldig. Doch es gibt Ausnahmen. Nüchternheit beim Bewußtsein der eigenen Grenzen ist nicht häufig gegeben. Waren Sie überrascht von der Rücktrittserklärung Papst Benedikt XVI. am 11. Februar 2013?

Die vielen Besuche in Rom lassen manches erahnen. Trotzdem war ich an diesem Tag überwältigt. Einzigartig und zugleich epochal! In der Kirchengeschichte fand der letzte freiwillige Rücktritt mit Papst Gregor XII. am 4. Juli 1415 statt. Papst Benedikt XVI. begründete diesen damit, daß seine Kräfte nicht mehr ausreichen, in »angemessener Weise« das Amt als Nachfolger des heiligen Petrus auszuüben. Hinter der Entscheidung steckt gelebtes Leben und das Denken eines überaus weisen Menschen, der die Grenzen seines Begrenztseins erkannt und dementsprechend handeln mußte. Es zeigt die menschliche Fähigkeit, Lebensverhältnisse in größter, fast unglaublicher Nuance zu entfalten. Benedikt XVI. hat die Tür weit geöffnet. Martin Walser spricht von »ästhetischem Wohlgefallen. Das hatte Grandezza«. Die Parenthesen zwischen Gedanke und Tun sind einfach so mannigfaltig wie das Da-Sein selbst.

Konzernlenker treten in der Regel mit 65 Jahren zurück. Päpste werden noch mit 76 Jahren und älter gewählt. Ein Jesuit aus Lateinamerika, der bisherige Erzbischof von Buenos Aires, Jorge Maria Kardinal Bergoglio, wurde zum Papst Franziskus als 266. Nachfolger am 13. März 2013 gewählt, der sich den hl. Franz von Assisi als einen Lehrer des Glaubens zum Vorbild nimmt. War das für Sie nicht revolutionär und wegweisend?

Gewiß. Es übertraf meine kühnsten Phantasien, daß sich das Kardinalskollegium einer Re-Italienisierung und dem bisherigen römischen Verwaltungsstil der Kurie aus den früheren Jahrhunderten widersetzte. Es war ebenfalls unerwartet und revolutionär, daß sich ein Jesuit aus dem angesehensten Männerorden ›Franziskus‹ nennt. Vielleicht erinnerte sich der neu gewählte Papst an die Armen und an die Worte Christi, der dreimal Franz von Assisi ansprach und sagte: »Franziskus, geh und baue mein Haus wieder auf, das, wie du siehst, ganz und gar in Verfall gerät!«

Wie sehen Sie die Wirkungsrolle von Papst Benedikt XVI. im Nach-
hinein und die des neuen Papstes Franziskus?

Aus meiner bescheidenen Sicht wird wohl Benedikt XVI. als großer
Kirchenlehrer des 20./21. Jahrhunderts in die Kirchengeschichte eingehen, der mit seiner dynamischen Kraft der ›intellektuellen‹
Evangelisierung der Kirche weitreichende, neue Impulse verlieh,
während Franziskus als Bischof von Rom schlicht, mit einladenden
Gesten und herzlicher Stimme der Weltöffentlichkeit entgegentrat
und deutlich durchblicken läßt, daß er die Kirche mit dem vergeben-
den und barmherzigen Christus im Mittelpunkt mittels ›pragmati-
scher‹ Evangelisierung zukunftsfähig machen will: Inkulturation der
biblischen Botschaft.

Papst Franziskus ist ein Papst im Sinne der Reformer und steht in
der Rolle als »Pfarrer der Welt« (Georg Gänswein) und Vermittler.
An Authentizität mangelt es ihm nicht. Er ist wie er ist: unbequem.
In Auschwitz war Papst Franziskus angesichts der Ungeheuerlich-
keit der dort verübten Verbrechen fassungslos. Allein im Gebet! Sein
Schweigen war eine würdige Form, der Opfer des Unsagbaren, des
Unmenschlichen zu gedenken.

Wie sehen Sie als Laie die Rolle der Kirche?

Die Franziskaner und Dominikaner haben immer darauf verwiesen,
daß Christus arm zur Welt gekommen und die wahre Kirche gerade
die Kirche der Armen sei. Auch Luther hat ermahnt!

Der dialogische Aufbruch der Kirche, für den das Zweite Vatikanische Konzil steht, darf weder dem Belieben noch den Traditionali-
sten geopfert werden. Nicht die Vergangenheit allein darf bestim-
mend sein. Es ist auch die Zukunft, die Ansprüche in der Hoffnung
stellt, daß neue Perspektiven aus weltweiter Sicht gewonnen werden.[22] Ein Muß: Präsenz der Welt in der Kurie und Reform der Ver-

waltung! Zugang zu Jesus erschließt sich, wenn wir Jesus am Kreuz stellvertretend für die Welt als ein Geschehen des Zorngerichts Gottes interpretieren. Die Not von Menschen ist so gesehen eine ganz andere als der Schrei des Gottessohnes: »Warum hast du mich verlassen?« Die Menschen brauchen Hilfe, Vergebung, Begleitung und den Segen der Kirche, in welcher Situation auch immer. Ohne das Licht der Hoffnung können wir Menschen im Alltagsgeschehen nicht leben.

Welche Mahnung richten Sie noch an die Kirche und die Welt?

Bei zunehmender Virtualität in der Welt geschieht es doch, daß ein jeder alles sehen und immer mehr mit jedem in Kontakt treten kann. Wir erleben und fühlen instinktiv, daß wir Menschen alle gleichwertig sind. Daher ist es eigentlich ein Muß, daß es in einer gesellschaftlich korrekten Welt geboten ist, die Verhältnisse, in denen Menschen gleichen Geschlechts zusammenleben und einander lieben, als Teil der Gesellschaft und kreative Minderheit zu respektieren. Denn alle Menschen sind Geschöpfe des einen Gottes.

12. Am Ende des Lebens – Eine Reise ins Licht

Die Lebenswelten sind so mannigfaltig und vielfältig wie die vielerlei Kulturstrukturen in der Welt. Das Alltagsgeschehen differiert deshalb von Kultur zu Kultur, aber auch wiederum innerhalb einer Kultur in unvorstellbarem Ausmaß. Der Anspruch der Kinder: »Kümmert euch um uns!« an die Eltern wie auch umgekehrt ist vielschichtig und kann verständlicherweise nur unterschiedlich erfüllt werden. Im Kern ist es eine Verantwortung vor und für.

In den agrarischen Ländern tragen die Kinder unmittelbar zum täglichen Lebensunterhalt bei, in Schwellenländern werden sie durch Umsiedlung oder Verstädterung in der Ferne aus dem alten Umfeld herausgerissen und in unseren Gesellschaften verlieren sie rasch den Status als Kind, werden vor dem Fernseher oder Computer abgesetzt und schon zu Kunden abgestempelt, indem man ihnen nahelegt, welches Designeroutfit sie tragen sollen und welche Apps sie haben müssen. Aus der Fernsicht erleben wir den Prozeß einer Entmündigung des Bürgers, weil Ernsthaftes auf die Tribüne der Unterhaltung heruntergezogen wird.

In China wird deutlich, wie die Gesellschaft sich rasant und umfassend verändert. Die Umsiedlung aus den Dörfern in moderne Neubauten in unmittelbarer Nähe schnellt die Menschen in die jeweilige Gegenwart. Die Großeltern aber, die zurückbleiben, können kaum die monatliche Wohnungsmiete aufbringen, da ihre Rente nicht ausreicht. Die jungen Leute ziehen in die Großstädte, überlassen die Erziehung den Großeltern, hoffen, daß sie nicht ernsthaft krank werden und bessern ihre Rente durch Geldüberweisungen auf. Zum andern belastet die Überalterung die Arbeitsmärkte und Sozialsysteme und ist zum Teil Folge der Einkindpolitik seit 1978. Es ist »die steigende Lebenserwartung, die zunehmende Zahl von Pflegefällen und die Tatsache, daß sich immer weniger junge Leute um immer mehr ältere Menschen kümmern müssen, die die Stabilität gefährden.«[23] Folge: Ein Überangebot an einsamen Söhnen! Eine Kehrtwende im Oktober 2015: Alle Paare dürfen nun zwei Kinder haben.

Das Land zwingt nun seine Bürger per Gesetz zu regelmäßigen Besuchen bei den betagten Eltern. Die traditionelle Großfamilie wird immer seltener. Das Gesundheitssystem ist bereits auf bestem Wege, das Rentensystem im Umbau. China im Wachstumsmarkt Asien prägt jedenfalls das Weltgeschehen. Man bezeichnet das 21. Jahrhundert nicht von ungefähr als das ›chinesische‹ Jahrhundert. Ein gewaltiger Umbruch und weitreichende Veränderungen finden in diesem Land statt. Allein schon die Gründungen der vielen Mega-Städte stellen das Land vor gewaltige Herausforderungen. Ich finde es spannend, China zu beobachten, wie die Welt in Zukunft aussehen und welche Wohlfahrtsgesellschaft ebendort sich nach den Vorstellungen dieses Landes bilden wird. Dort geschehen großartige, epische Dinge.

Der Mensch ist ein heroisches Wesen, das Selbständigsein erringt und zum Heldentum neigt oder den Lebensfreuden weitestgehend entsagt. Wie schafft er Lebensglück?

Ich bin immer wieder erstaunt, was der Mensch imstande ist zu verwirklichen – in der Erreichung eines Zieles, im Namen einer Idee oder Phantasie. Allein schon der Prozeß des Abnabelns schließt ein, daß ich das Zuhause meiner Eltern verlasse und mir meine eigene Welt suche. Aber so ist es immer, wenn man sein eigenes Leben aufbauen und seine angeborene, teilweise mitgebrachte Identität umformen will. Darauf beruht die Freiheit eines jeden Menschen. Wenn man frei sein will, muß man sich von den Eltern abnabeln und erwachsen werden. Ich muß mich aus ihrer Welt davonmachen, aus ihr flüchten, um dahin zu kommen, wo ich gerne sein möchte. Kommt man dann eines Tages zu den Eltern zurück, sind sie wieder ganz die Eltern. Das erfreut aufs Tiefste, stärkt die innigste Verbundenheit und dafür ist man dankbar. Abnabelung bedeutet nicht einen totalen Bruch.

Was ist der Lebensschlüssel zum besseren Verstehen des Lebens mit seinem ›Danach‹?

Wer den realen Alltag nicht verlassen kann, der wird nie eine Schwelle überschreiten und nie menschliches Denken und Wissen hinter sich lassen, um sich an ein Mysterium unbegreiflicher Quelle heranzutasten. Es ist eine Latenz, die sich zwischen Gewißheit und Unwissen abspielt. Eine Latenz als Ursprung einer Quelle, deren Wasser im Innern aufsprudelt. Etwas Verborgenes, unbemerkt Vorhandenes, noch nicht zum völligen Aufkeimen Gekommenes. In dieser Situation offenbart sich etwas, das ich nicht in seiner Ganzheit begreifen kann. Ich kann weder sehen, woher ich die Gewißheit der Präsenz nehme, noch wo ich das Latente suchen soll. Die Lösung ist im Inneren zu suchen wie in dem Wurzelgeflecht eines Baumes, das nährt. Es kommt zu einem Werdensprozeß des Glaubens. Seine Latenz wird heimelig.

Nach christlichem Glauben hat Gott in Jesus Christus das Mensch-Sein angenommen und uns das Gesicht Gottes gezeigt. Mit Jesus Christus beginnt die Phase der Christogenese und ist zugleich ein Höhepunkt der Geschichte Gottes mit den Menschen.

Freiheit und eigenverantwortliches Handeln bestimmen das Leben eines Menschen. Wie steht es um seine Glaubensstärke?

Der Mensch ist aus diesem Grund für sein ›Wie‹-Sein völlig allein verantwortlich. Natürlich beeinflußt das Umfeld seine Selbstverwirklichung. Auf seinem Lebensweg wird er mit dem Tod konfrontiert. Er ist ein Sterblicher. Dies ist eine Tatsache. Daß mit dem Tod ein Übergang verbunden sein soll, wird von den Menschen nicht immer so verstanden. Man glaubt an ein Jenseits oder man glaubt es nicht. Himmel und Hölle werden oft in einem Atemzug genannt, obwohl sie verschiedene Sphären meinen. Die Hölle ist nun einmal ein Ort der ewigen Verdammnis oder der Ort des Teufels, der da sein Unwesen treibt, wo es Menschen gibt. So auch bei Dante und Michelangelo.

Das Jenseits, der Himmel, wird unterschiedlich interpretiert. Daher bleiben alle Vorstellungen oder Bilder der Menschen über diesen Ort gleichermaßen glaubwürdig. Da es über die Aufnahme in den mystischen Raum nach dem Tod keinerlei Nachweise gibt, kann man auch keine Gewißheit über dieses Ereignis erlangen. Der Mensch aber, der an ein ewiges Leben glaubt, akzeptiert, daß das zweite Leben ohne Tod, also zeitlos ist.

Unlängst wurde in den Caracalla-Thermen in Rom ein antikes Mithras-Heiligtum entdeckt. Ein Fresko zeigt den Lichtgott Mithras mit einer ›fossa sanguinis‹, über der die kultische Tötung eines Stieres stattfand. Nach der mithraischen Mythologie erneuert sich durch diese Kulthandlung das irdische Leben aus dem Blut des Stieres.

Achtet man das irdische Leben umso mehr, wenn man um den Tod weiß?

Das Alltagsgeschehen ist ein Werden und Vergehen in der Zeit. Stünde das Leben außerhalb der Zeit, wäre es nicht dazu bestimmt, vergänglich zu sein. Das Leben hat einen Anfang und ein Ende. Wäre es meinerseits zu sarkastisch, wenn ich sage, daß wir nicht allzu alt werden sollen? Sonst begleitet uns niemand mehr, und es weint uns gar keiner mehr nach. Auch zu erben gäbe es kaum noch etwas.

Der Tod ist ein Faktum, da man nur einmal stirbt. Der Tod ist ein ganz natürliches Ereignis, das zufällig und ohne Zutun des Menschen geschieht. Nur die Umstehenden erleben meinen Tod, von dem ich nicht mehr berichten kann. Im Himmel erhofft man sich, daß man die früher Verstorbenen wieder trifft, vor allem diejenigen, die einem freundschaftlich nahestanden.

Können Sie das Sterben naturalistisch darstellen?

Diese Begabung fehlt mir. Ich kann lediglich von einem Gefühl der Leere reden, das ein Tod zurückläßt. Auch in den Momenten des Sterbens ist man einer Ratlosigkeit ausgesetzt, weil das Wort den Sterbenden am Ende selten noch erreicht. Irgendwann bricht der Dialog ab.

Wenn der Mensch den Tod eines Nahestehenden erlebt, dann gerät er ins Sprachlose. Alles um ihn herum verengt sich.

Das Leben, die Empfindungen erfahren eine schale, schamhafte Gemütsbewegung. Und das ist der Augenblick, wo du weißt, daß der Tod dein Zuhause betreten hat, daß er Realität gewonnen hat. Und plötzlich wird einem die Ungewißheit genommen. Ich beginne zu glauben. Zu glauben aus einem inneren Bedürfnis heraus. Und dies der Moderne zum Trotz. All dies, weil ich auf der letzten Wegstrecke angelangt bin und noch weitergehe.

Was mich bis dahin begleitet hat, sind gesellschaftliche Aktivität und Teilhabe, Offenheit für andere Menschen und das Gebet. Kontakte zu anderen Menschen, besonders im Alter, können in ihrer Bedeutung nicht hoch genug bewertet werden, wie ich meine. Denn Einsamkeit fördert psychische Erkrankungen. Neben Ernährung ist auch eine positive Einstellung zum Altern und Alter wichtig.

Als alter Alter stehe ich auf der letzten Wegstrecke. Ich weiß nicht, was auf mich noch zukommt. Weil ich glaube, weiß ich, daß ein winziger Lichtstrahl auf mich fällt. Hoffentlich noch eine lange Zeit. Darum bete ich.

Todes-Erfahrung

Wir wissen nichts von diesem Hingehn, das
nicht mit uns teilt. Wir haben keinen Grund,
Bewunderung und Liebe oder Haß
dem Tod zu zeigen, den ein Maskenmund

tragischer Klage wunderlich entstellt.
Noch ist die Welt voll Rollen, die wir spielen.
Solang wir sorgen, ob wir auch gefielen,
spielt auch der Tod, obwohl er nicht gefällt.

Doch als du gingst, da brach in diese Bühne
ein Streifen Wirklichkeit durch jenen Spalt
durch den du hingingst: Grün wirklicher Grüne,
wirklicher Sonnenschein, wirklicher Wald.

Wir spielen weiter. Bang und schwer Erlerntes
hersagend und Gebärden dann und wann
aufhebend; aber dein von uns entferntes,
aus unserm Stück entrücktes Dasein kann

uns manchmal überkommen, wie ein Wissen
von jener Wirklichkeit sich niedersenkend,
so daß wir eine Weile hingerissen
das Leben spielen, nicht an Beifall denkend.

Rainer Maria Rilke

ANM. Dieses Gedicht hat Rilke 1907 auf Capri in Erinnerung an die Mutter der Baronin Uexküll verfaßt. Die Besucher können noch heute den Text als Inschrift auf dem Grabstein auf dem Cimitero Acattolico oberhalb des Hafens lesen. Der Text dreht sich um das Leben, »die Welt voll Rollen, die wir spielen«. Erst in der dritten Strophe wird der Tod als »ein Streifen Wirklichkeit« sichtbar und für das Bewußtsein zur Realität. Er ist ein Fall aus der Zeit und unvermeidlich, aber von den Umstehenden wird der Zeitpunkt seines Eintritts besonders gewertet. Das Erlebnis der Todeserfahrung schlägt eine Brücke zwischen der Lebenswelt und dem Bewußtsein, dem Denken und dem Gefühl, dem Grün und dem »Grün wirklicher Grüne«. Die Farbschattierungen des Golfs von Neapel im Morgen- und Abendrot lassen sich auf Capri hinreichend studieren. Immer wieder ist man von dem Farbenspiel begeistert und wird »hingerissen das Leben (zu) spielen«. Farbenreich ist der Golf, klar die Unausweichlichkeit des Todes, klar auch die Sprache des Lebens.

Der Tod ist kein Endpunkt. Wie gehen Sie mit dem Tod um?

Mit dem 70. Lebensjahr wurde mir bewußt, daß mein Leben noch überschaubar eine Wegstrecke vor sich hat. Das Wort ›noch‹ deutet an, daß das Leben fortdauert, aber möglicherweise bald enden könnte. Also kann ich noch eine Weile auf Erden sein; noch meine Kontakte pflegen, noch das Buch zu Ende schreiben, noch mich mit Elan und in Dankbarkeit fürsorglich um die Familie kümmern.

Erst kürzlich, am Tage des achtzigsten Geburtstags, waren mir alle Freunde und Bekannte im Traum auf meiner Bühne versammelt. Es waren aber nur noch wenige übrig geblieben, die zu meinem Fest in Rom zugegen waren.

Die Bibel gibt uns kaum Hinweise. Es heißt nur, daß in dem Augenblick alle Tränen weggewischt seien. Not und Leid werden aufhören. Eine Aufnahme in den mystischen Raum findet statt. Mit dieser Hoffnung lebe ich.

Verändert sich Ihr Leben durch die Gewißheit der Endlichkeit?

Ich büße keineswegs an Lebenslust ein. Vielmehr begleitet mich ein positives Lebensgefühl, da Gott tagtäglich bei mir ist. Außerdem habe ich die Gottesmutter als beste Fürsprecherin und Helferin. Man vergißt allzu leicht, daß sie auch Mutter der Lebensfreude ist. Will Raffael nicht in seinen Fresken diese frohe Botschaft vermitteln?

Schmerzt der Gedanke an den Tod eines Nahestehenden mehr als der an das eigene Weggehen?

Man erlebt den eigenen Tod nicht. Denn »der Tod ist kein Ereignis des Lebens« (Wittgenstein, 1889-1951). Dagegen berührt der Tod eines Angehörigen mehr, weil er sich in die Tiefe unseres Bewußtseins eingraviert, den Moment eines überraschenden Faktums hat, aus dem Nahsein heraus schmerzvoll ist und unermeßliches Leid über die Nahestehenden bringt.

Der Übergang vom Alter ins alter Alter bis ans Ende meines Feldweges ist in meinem Inneren umso friedvoller, je gelebter mein Glaube ist. In dieser Zeit möge der Humor im Alltag mehr und mehr leuchten, damit ich nicht meine positive Lebenseinstellung und mein frohes Herz einbüße. Ein robuster Humor hilft weiter.

Was stimmt Sie so gelassen und mildert Ihre Todesängste?

Im Verlauf des Lebens dreht sich alles um die tägliche Sorge, Ängste, Gewissen, Beweggründe und Zeitlichkeit. Erst mit dem Tod vollenden wir unser Leben. Das Geschehen des Todes hat eine enorme mysteriöse Dimension. In Erwartung des Todes können Nahtoderlebnisse intensiver werden. Es ist der Moment, wo wir zur vergeistigten Materie werden und die Seele Gestalt als Lichtquant annimmt. Die dann eingetretene, sich vollziehende Seins-Ruhe unterscheidet sich wesentlich von der irdischen Lebensfreude, der dionysischen Verzückung.

Die Phase des Sterbens ist ein komplexerer Vorgang, als die Wissenschaft es bisher angenommen hat. Im Gehirn kann es immer noch weiße Flecken geben, die auf einen Rest Bewußtsein hinweisen. Die Todesängste lassen sich abschwächen, wenn man an die Aufnahme in den ›mystischen Raum ohne Hölle‹ glaubt. Es ist die ›Vision der Moderne‹, von der noch zu sprechen ist.

Wie möchten Sie den Tod erleben?

Ich erinnere mich an den Totentanz von Basel im Historischen Museum, zusammengesetzt aus den Bruchstücken eines Gemäldes entlang der Friedhofsmauer des Predigerklosters St. Innocent in Paris, die 1805 niedergerissen wurde. Es wird in aller Deutlichkeit die Zeitlichkeit des menschlichen Lebens thematisiert. Der Tod präsentiert sich als Tänzer, der einen jeden aus dem Leben reißt, wann und wie es ihm beliebt.

Wenn ich mein Leben in innerster Ruhe beenden könnte, dann täte ich es gerne bei Bewußtsein. An dieser Stelle zitiere ich einen Brief von Ludwig Wittgenstein an Bertrand Russell (1872-1970) vom 21. Januar 1913: »Gestern nachmittag ist mein Vater gestorben. Er hatte den schönsten Tod, den ich mir vorstellen kann; ohne die mindesten Schmerzen schlief er ein wie ein Kind! Während der ganzen letzten Stunden war ich keinen einzigen Augenblick traurig, sondern voller Freude, und ich glaube, dieser Tod war ein ganzes Leben wert.«[24] Sein Tod ist ein friedvoller Antritt einer ›Reise ins Licht‹.

Leiterwagen

Da saß ein Mann im Leiterwagen,
hat nie geschlafen, nie gewacht,
hat hundert Jahre so verbracht –
saß antwortlos und ohne Fragen.
Hat nur ein einzig Mal gelacht,
als ihm der Tod das Bett gemacht.
Das wollt ich euch nur sagen.

Günter Bruno Fuchs

ANM. Ohne viel Lärm zieht der Alltag an ihm vorbei. Keine Frage richtet sich oder wird an den ›Mann im Leiterwagen‹ gestellt. Und als das Ende naht, bricht er in Lachen aus: Was kann der Tod ihm schon bringen?

13. Ort der Ruhe – Riten und Bräuche

Die achte Duineser Elegie aus dem Jahr 1922 beschäftigt sich mit dem Thema ›Da-Sein des Menschen‹, das das gesamte Elegienwerk Rainer Maria Rilkes[25] durchwirkt.

Der Dichter zieht mit Blick auf das Begräbnis den Vogel zum Vergleich heran und sagt:

> … als wär er eine Seele der Etrusker,
> aus einem Toten, den ein Raum empfing,
> doch mit der ruhenden Figur als Deckel …

Die Etrusker legten den Leichnam in einen Sarkophag, auf dessen Deckel der Verstorbene als Figur abgebildet wurde. Die Seele, die den Toten verläßt, entschwebt nach Rilke in Gestalt eines Vogels. Dieses Bild gleicht einer dichterischen Metapher.

Das Begräbnis wird je nach Religion und Gegend unterschiedlich in Riten und Bräuchen gefeiert.

Grabstätte

> Kommt einst die Nacht, die düstre, dumpfe,
> Wo dir ein Christ sein Mitleid schenkt
> Und bei dem alten Mauerstumpfe
> Den eitlen Leib zur Grube senkt …[26]
> *Charles Baudelaire*

Der Sinn des Sterbens für einen Christen liegt im Licht des Kreuzes und der Auferstehung von Christus, der sich als Hoffnung offenbart. Während der Körper zu Grabe getragen oder zuvor eingeäschert wird, entschwebt bereits die Seele. Daher der ursprüngliche Titel dieses Buches: ›Am Ende des Feldweges eine Reise ins Licht‹.

Christliche und jüdische Gräber orientieren sich allgemein nach Osten, nach Jerusalem, während Muslime in Richtung Mekka beigesetzt werden. Ihre Leichname werden in weiße Leinentücher gehüllt und auf der rechten Seite liegend dem Erdreich übergeben. Weil viele Muslime mit ihrer Heimat noch eng verbunden sind, lassen sie ihre Verstorbenen in die Heimatländer überführen. In Deutschland stehen besondere Gräberfelder auf öffentlichen Friedhöfen zur Verfügung. Der sarglosen Beisetzung gehen die rituellen Waschungen voraus, wofür entsprechende Räumlichkeiten eingerichtet wurden.

Als Zeichen der Freundschaft mit der Türkei schenkte 1866 König Wilhelm I. ein Gelände am Neuen Garnisonsfriedhof in Berlin, am heutigen Columbiadamm, zur Bestattung von Muslimen. Seit 1989 findet keine Bestattung mehr dort statt. Dieser Bereich bleibt wegen des Ewigkeitswertes muslimischer Gräber geschützt und unberührt, da der Islam die Einebnung der Gräber verbietet.

Ebenfalls ist nach islamischen Recht die Feuerbestattung nicht erlaubt. Die sterbliche Hülle des Verstorbenen würde durch das Feuer völlig vernichtet und dadurch die leibliche Auferstehung am Jüngsten Tag unmöglich gemacht. Dagegen ist es den Christen seit dem Zweiten Vatikanischen Konzil von 1963 erlaubt, Urnenbeisetzungen vorzunehmen.

Die Hindus wiederum streuen die Asche ihrer Verstorbenen in fließende Gewässer. Daher gibt es im Hinduismus keine Friedhöfe. Nach ihrer Vorstellung ist das Feuer das einzige Medium, die Trennung vom stofflichen Teil des Körpers und dem feinstofflichen Atman durchzuführen. Das Stoffliche soll mit dem Kosmischen in Verbindung gebracht werden. Mit der Verbrennung geleitet Agni, der Gott des Feuers, den Verstorbenen zu einer neuen Geburt. Das Fortgehen endet somit in einem neuen Leben.

Erinnern wir uns an Martin Luther, der vor 500 Jahren bereits erklärte, daß das Seelenheil keinen Schaden nehme, ob man »im Walde oder in der Elbe« bestattet werde. Seit 2001 ist es erlaubt, die

Asche der Verstorbenen in Friedwäldern beizusetzen oder auf See auszustreuen.

Eine weitere Veränderung der Bestattungsweisen wird nicht ausbleiben: Christen werden ungebunden von Friedhöfen, Muslime allmählich vom Ewigkeitsanspruch loskommen und Hindus in der Erde Beisetzung suchen.

Ich seh im Stundenglase schon

Ich seh im Stundenglase schon
Den kargen Sand zerrinnen.
Mein Weib, du engelsüße Person!
Mich reißt der Tod von hinnen.

Er reißt mich aus deinem Arm, mein Weib,
Da hilft kein Widerstehen
Er reißt die Seele aus dem Leib –
Sie will vor Angst vergehen.

Er jagt sie aus dem alten Haus,
Wo sie so gerne bliebe.
Sie zittert und flattert – wo soll ich hinaus?
Ihr ist wie dem Floh im Siebe.

Das kann ich nicht ändern, wie sehr ich mich sträub',
Wie sehr ich mich winde und wende;
Der Mann und das Weib, die Seel' und der Leib,
Sie müssen sich trennen am Ende.[27]

Heinrich Heine

ANM. Komisch und zart beschreibt Heine die Seele, die er mit einem Floh vergleicht, der im Siebe flattert. Zauberhaft und traurig ist der Vergleich der beiden Paare gegen Ende: »Der Mann und das Weib, die Seel' und der Leib.« Und dann im letzten Vers die Hingabe ins Unvermeidlichsein. Es verbindet physisches Vergehen und bekundende Hoffnung. Ein Zauber liegt im Gedicht, vielleicht gerät es unversehens auch zum Trost.

14. Sixtinische Kapelle

Der Ort des Ursprungs der Renaissance ist in Italien des 14. Jahrhunderts im Maler Giotto (1267 oder 1276-1337) zu suchen, wo es
zur Schöpfung vor allem einer neuen Malerei kam, die sich dann
über ganz Europa ausbreitete. Erwin Panofsky (1892-1968) ist es zu
verdanken, daß man das Betrachten eines Kunstwerks wie auch seine Exegese stets in den inhaltlichen Kontext seiner Zeit zu stellen
habe. Er schrieb über Dürer, Michelangelo, die Renaissance und vieles mehr. 2012 wurde seine Habilitationsschrift im Keller des Münch-
ner Zentralinstituts für Kunstgeschichte gefunden. Der Titel aus dem
Jahr 1920 lautet: ›Die Gestaltungsprincipien Michelangelos, besonders in ihrem Verhältnis zu denen Raffaels‹. Nach seiner Ansicht
läßt sich Michelangelo (1475-1564)[28] kaum einordnen. Mehr schon
ein Maler des Barock?

Michelangelos Altarbild ›Das Jüngste Gericht‹ in der Sixtina: Nie
zuvor ist ein Kunstwerk von einer so unvorstellbaren, anschaulichen
Virtuosität mit einer so unglaublichen Dynamik einzelner Menschen-
gruppen, insbesondere mit Blick auf die naturgetreue Gestaltung des
menschlichen Körpers geschaffen worden. Zugleich ist die gesamte
Darstellung in hohem Maße ein Bekenntnis persönlichen Erlebens,
Glaubens und Erleidens. Das Altarbild entstand in den Jahren 1533
bis 1541 im Auftrag des Papstes Clemens VII. In keiner anderen
Stadt auf dieser Welt sind Originale aus der Antike und Kunstwerke
großer Maler und Bildhauer zu sehen. Aus gutem Grund gebührt
Rom der einzigartige Vorzug.

Das Altarbild entstand in Freskotechnik: Auf den Rohputz wird
ein Feinputz in einer Größe aufgetragen, die dem Tagewerk des
Malers entspricht. Die Farbe selbst muß in den noch feuchten Putz
(*al fresco*) eindringen und sich mit dem Kalk des Feinputzes verbinden. Diese Maltechnik stellt an den Maler eine große Herausforde-

rung dar, die Michelangelo vortrefflich beherrschte. Überhaupt sind seine Leistungen auch als Bildhauer, Zeichner und vor allem als Architekt einzigartig.

Das Fresko des Jüngsten Gerichts, das die Wiederkehr Christi als Weltenrichter wie auch eine ungeheure Bewegtheit menschlicher Körper zeigt, widerspiegelt die Heilige Schrift als Inspirationsquelle (Offenbarung des Johannes) sowie Gedankenbilder Dantes (1265-1321) aus seiner bewunderungswürdigen *Göttlichen Komödie*. Christus zwischen Maria, Johannes dem Täufer und Aposteln wie auch Märtyrern richtet über die Seligen und Verdammten. Darunter die gen Himmel aufsteigenden Seligen hin zum Ort der höchsten nie auf Erden erreichbaren, denkbaren Glückseligkeit und die zur Hölle hinabfahrenden Verdammten, die der Fährmann Charon über den Styx an den Ort ihrer ewigen Bestrafung, den Ort ohne Hoffnung bringt.

Zum unteren Abschluß des Altarbildes hin sieht man die Hölle und am rechten Rand den glühenden Höllenschlund und direkt darunter Minos, den Höllenwächter mit einer Schlange umringt von Dämonen. Dieser Ort wird vom Höllenfeuer beleuchtet, das als einzige Lichtquelle dient. Das Fresko in seiner Ganzheit weist deutlich sichtbar auf die beiden nachzeitlichen Zustände des End-Seins hin: den ewigen Himmel oder die ewige Hölle.

Das Altarbild ›Das Jüngste Gericht‹ erweckt Erstaunen und zugleich Nachdenklichkeit. Was bleibt? Aufgelöst-, Aufgewühltsein? Oder Motiviert-sein, etwas zu tun? »Du mußt dein Leben ändern«, wie Rilke sagt? Zwei Lebensweisen kommen zur Geltung: Unter den Fähigkeiten leben oder sich über sich hinauswagen im Kontext des Urstart-Universums. Jüngere Menschen verspüren wenig Motivation, wenn es um den Glauben geht. Sie sind eher gleichgültig. Aber es gibt auch unter ihnen Menschen, die auf der Suche nach etwas sind, dem man sich anvertrauen kann. Das ist Gott, der uns hält, der mit uns spricht und uns angeht.

Dem Alltag offen begegnen kann Lohn durch gutes Tun auslösen. Wie dankbar ist ein älterer Mensch, der nicht mehr gehfähig oder ans Bett gefesselt ist, wenn wir uns zu ihm setzen, seine Hand nehmen oder behilflich sind, damit er aufrecht sitzen kann! Berührungen vermitteln eben gutes Körpergefühl und signalisieren durch Hinwendung oder ein ›Du‹ dem Älteren Wertschätzung. Ein hörendes Herz kann in der Lebenswelt viel bewirken.

Die *Göttliche Komödie* dürfte zu den großen Dichterwerken aller Zeiten gehören und ist zugleich das Abbild der Gesamtschau des mittelalterlichen Weltbilds aristotelischer Prägung. Gott und Menschen spannen ein Beziehungsverhältnis zwischen Jenseits und Diesseits, zwischen Himmel und Erde, wobei letztere sich als ein Raumkörper im Urstart-Universum präsentiert, das sich wie auch immer entwickelt. Die Erde als die derzeit bekannte, bewohnbare Welt offenbart uns, daß sie mit jeder neuen wissenschaftlichen Entdeckung ihren Ur-Ursprung, ihren göttlichen Ursprung zu erkennen gibt. Diese Deutung wiederum generiert und impliziert geradezu das Nebeneinander von Vernunft und Glaube. Das bedeutet, daß der Mensch mit seiner Vernunft durchaus Gott als Wahrheit und unendliche Schönheit, als Ursprung und Ziel aller Dinge und aller Lebewesen erkennen kann. Glauben heißt wieder, sich an Gott zu binden. Es ist ein Akt menschlicher Vernunft, weil der Glaube ein freies Sichhinwenden des Menschen auf den sich offenbarenden Gott ist. Sein irdisches Verhalten entscheidet über sein ›Wie‹-Sein. Das Altarbild ›Das Jüngste Gericht‹ verdeutlicht anschaulich die Rolle Jesus' als Weltenrichter: Himmel oder Hölle.

Das Bild flößt Furcht ein, schreckt ab und erinnert den Menschen an seine Verantwortung. Andeutungsweise liegt ein Schimmer der Hoffnung im Geschehen am Tag des ›Letzten Gerichts‹. Darum brauchen die Menschen der Moderne eine Vision, die die Güte Gottes nuanciert anders interpretiert, weil sie wohl nicht an eine ewige Verdammnis glauben können. Die Beantwortung der Frage ›Danach?‹ steht somit noch aus.

15. Eine Vision der Moderne – Himmel ohne Hölle

Was erwartet den Menschen am Ende seines Lebens?

Dem Menschen nur eine Fibel über das Diesseits in die Hand zu legen, käme einer einseitigen Willenserklärung gleich. Der Nah-Horizont mit den Lebenswelten, den Dingen und Ereignissen auf Erden ist nur eine halbe Perspektive. Darüber hinaus gibt es das Unbekannte, das Nicht-Sichtbare, das All, das hinterfragt wird. Schon die Naturvölker hatten ihre Götter, ihre Religion, eine Vorstellung von der Götterwelt und brachten Opfer dar. Von ihren Göttern jedoch ging keine Hoffnung aus, da sie keinen persönlichen Gott hatten.

Erst das Christentum gestaltete das Leben und die Welt um. All dies geschah von innen heraus. Das Leben ist nicht Zufall der Energie und der Materie. Und so erscheint der Fern-Horizont als ein Geschehen, das durch Gerechtigkeit in Form des Jüngsten Gerichts, Barmherzigkeit und Gnade geprägt wird. Es liefert uns ein Hoffnungsbild am Ende des Lebens und somit ein übersinnliches Reich, das Reich Gottes.

»Ich komme wieder«, sagt Christus selbst. Als Gottessohn und Erlöser der Welten steht er im Mittelpunkt. Das von ihm ausgehende folgenreiche Weltbild der Christogenese verleiht der Erde ihre Würde und dem Glauben eine kosmische Weite, verknüpft Diesseits und Jenseits, Mikrokosmos und Makrokosmos, preist die durchwaltende Liebe Gottvaters und unterweist den Menschen in einem Glauben, der den Weg zur Geborgenheit, zur Aufnahme in den mystischen Raum hin öffnet. Die Wiederkunft Christi ist nicht chronologisch zu verstehen, sondern weist auf ein Fern-Morgen hin, wie es Johannes in der ›Geheimen Offenbarung‹ andeutet. Wann das Ende der Welt kommt, weiß niemand.

Die Existenz des Bösen auf Erden ist nicht zu leugnen. Daher versteht sich, daß der Mensch vor Gericht kommt.[29] Die Idee des Gerichts nach dem Tod mit einem Urteil auf Belohnung oder Bestrafung ist so alt wie die Menschheit. Es geht letztlich um ein Urteil über das ›Wie‹-Sein des Menschen.

Die Aufklärung über das Ende des Lebens obliegt eigentlich jeder Glaubensgemeinschaft. Es ist aber nicht zu verkennen, daß das Interesse des Menschen in seiner Sorge zunächst einmal auf den täglichen Alltag ausgerichtet ist. Er versucht, für sich eine bessere Welt zu schaffen. Der Vollzug des Lebens ist dem Guten wie dem Bösen, dem Gelingen oder Scheitern, der Zuversicht oder dem Versagen ausgesetzt. Daher bleibt wenig Zeit, vor allem in den jüngeren Jahren sich mit den ›Letzten Dingen‹[30] und der Wiederkehr Christi als Richter des ›Jüngsten Gerichts‹ zu beschäftigen.

Von unserem Tun her ist es durchaus begreiflich, daß die täglichen Dinge im Vordergrund stehen. Wir sind eben auf unserem mühsamen Feldweg fest und tiefgreifend in das Alltagsgeschehen eingespannt. Das überfließende globale Geschehen, wobei keine Gesellschaft auf Dauer seinen Bewohnern aus eigener Kraft Frieden, Sicherheit und Wohlstand gewährleisten kann, stellt das tägliche Erwerbsleben auf eine harte Probe. Von seiner Hände Arbeit zu leben generiert nicht immer ein ausreichendes Auskommen in den einzelnen Kulturen unterschiedlicher Entwicklungsstufen. Das Tägliche ist näher als das Kommende. Für das Hochalter hingegen ist es verständlicherweise zeitlich weitaus weniger entrückt.

Was motiviert Sie in Ihrer Lebensphase am stärksten?

Schauen Sie, jeder Mensch reflektiert über seine Erfahrungen. Zu diesen gehört auch die Religion und damit verbunden das Prinzip ›Hoffnung‹, das uns auf dem Feldweg stärkt. Nicht von Endängsten geplagt zu werden, dafür steht das Wirkprinzip ›Hoffnung‹, die uns die Zukunft erhellt, damit die Gegenwart in ihrer Ganzheit lebbarer wird, weil das Kommende hineinspielt, sie von der Zukunft berührt wird.

Von Rom aus führt uns des öfteren der Weg in das Benediktinerkloster Subiaco.[31] Die Mönche bezeugen durch ihre Lebensweise das, was immerdar ist: ›Gott‹. Das irdische Leben ist lediglich ein zeitweiliges Ereignis im Universum. Es verlöre ohne Gott und mithin ohne Hoffnung jegliche Bedeutung, wenn es erlischt und hätte auch keine mehr zu erwartende Vollendung des Seins.

Meine Eltern gaben mir auf meinen Lebensweg Glaube und Hoffnung auf die ›wahre‹ Heimat mit. Dafür bin ich ihnen dankbar.

Was verstehen Sie unter Dreifaltigkeit?

Nach meinem Verständnis sind die drei Personen: Vater, Sohn und der Heilige Geist wesensgleich. Ist der Sohn aus dem Vater hervorgegangen, so der Heilige Geist aus beiden. Jede Person wiederum wirkt in ihrem göttlichen Tun nach ihrer Eigenart. Mithin ist allein Gott der Schöpfer.

Jesus als Menschensohn erhält von seinem Vater den Heiligen Geist als Begleiter, der ihn nach seiner Auferstehung den Aposteln zur Seite stellt, damit er der Kirche Beistand leistet, sie erbaut und beseelt und auf Erden künftig wirkt.

Demnach fächert sich die Dreifaltigkeit in zeitlicher Abfolge auf, d.h. die drei Personen sind verschiedene Gesichter des einen Gottes. Diese Einheit ist unergründlich, undenkbar, entzieht sich unserer Vernunft und ist daher ein Mysterium.

Ähnlich verständlich ist die Entstehung des Universums, vom Beginn bis zum Urstart, ein hochenergetischer Vorgang, also in seinem Kern nichts anderes als eine weiterentwickelte Auffächerung der anfänglichen Einheit. Die Frühzeit des Universums begann mit einer ›geistigen‹ Qualität, dann mit der Materie. Danach waren mehrere Phasenübergänge zu verzeichnen: aus der Ur-Kraft die Gravitation, dann die elektromagnetische und starke Kraft und zuletzt die elektroschwache Kraft.

Es gibt die Veröffentlichung ›Was fehlt, wenn Gott fehlt?‹ von Jan-Heiner Tück als Replik auf Martin Walsers Essay ›Rechtfertigung‹.[32] Wie denken Sie darüber?

Es ist eine bemerkenswerte Erwiderung und zugleich lesenswerte Zusammenfassung der Thematik der Rechtfertigung bei einem Desinteresse an religiösen Fragen. Jegliche Fokussierung auf Arbeit, Erfolg und Geld mag das eigene Leben zwar erhaben gestalten, aber es fehlt doch etwas, wenn wir nicht glauben. Ich wundere mich, wenn jemand nicht an Gott glaubt.

Es ist andererseits befremdlich, wenn sich eine Religionsgemeinschaft vorwiegend auf das Jenseits konzentriert. Toleranz und Respekt dem Anderen gegenüber verlieren sich dann im Alltagsgeschehen nicht minder. Nicht umsonst heißt es im Koran: »Kein Zwang ist in der Religion« (Su 2,256). Gemeint ist doch Religionsfreiheit! Eine verborgene Botschaft, die gehoben und belebt werden sollte. Eine offenkundig brennende Botschaft, die die Menschheit für ihr Zusammenleben als Schicksalsgemeinschaft braucht. Eine Bagatelle gewiß nicht, vielmehr eine sehnlichst erwartete Bagatelle, die in die Weite hinausströmen soll.

Würdigung und Wertung des Menschen ist in vielen Gesellschaften ungut. Denn jeder Mensch ist vor Gott gleichwertig und mithin gleich. Selbst gleichgeschlechtliche Paare wie zwei liebende Frauen oder Männer sind Kinder Gottes.

Daher erfordert eine Selbstkritik der jeweiligen Gegenwart im Dialog mit den Religionen auch eine Selbstkritik der Religionen, die von ihren Ursprüngen her sich selbst immer wieder neu erkennen und verstehen lernen müssen. Dazu gehören auch Dogmen, die sich einer Prüfung zu unterziehen haben.

Ist Gott bei all dem Fortschritt noch nötig?

Ohne das ›schöpferische Ur-Design‹, meine ich, gäbe es die Welt nicht. Allein schon das Gerichtet-Sein aus dem Ungerichtet-Sein ist mir rätselhaft.

Die Macht der ›kulturellen Evolution‹ verleiht mir eine optimistische Sicht auf die Zukunft.

Hadern Sie mit Gott?

Blicke ich auf die Nachrichtenbilder über Greueltaten, Verhaftungen unserer Tage in großem Stil, assoziiere ich das kollektive Schicksal mit meinem Leid. Das Elend der Welt hört nicht auf, sondern nimmt eher zu. Gott scheint das Elend und das Leiden nur verschlimmern zu wollen. Trotzdem beginne ich nicht, in meinem Glauben zu wanken, weil ich weiß, daß der Mensch unvollkommen ist.

Ephraim der Syrer aus dem 4. Jahrhundert n. Chr. berichtet in seinem Gedicht ›Carmen Nisibenum 10‹ von den unsäglich brutalen Kämpfen im Umland und dem Elend einer belagerten Stadt unweit seines Heimatorts Nisibis, heute Nusaybin in der Türkei nahe der Grenze zu Syrien, die heute wiederum ein ähnliches Schicksal erleben muß. Ephraim begreift Gott nicht. Aber der von ihm nach jeder Strophe eingefügte Refrain »Gepriesen sei deine Züchtigung« läßt aufhorchen. Mit diesem Refrain dankt er Gott. Das ist erstaunlich, weil er selbst im Jahr 363 seine Heimat verlassen mußte, um in Edessa eine neue Bleibe zu finden. Dort starb er, ein Bürger des Römischen Reiches syrischer Sprache, eines natürlichen Todes zehn Jahre später.[33]

Und wenn Ihnen persönlich ein Leid zustößt?

Keineswegs! Denn Leid verstehe ich als einen Beweis für die Gerechtigkeit Gottes, da es unmißverständlich das Glück, das Gute bewußt werden läßt.

Erfaßt Sie nicht einmal Wut?

Der Glaube an Gott beruht auf Beziehung. Und eine solche hat eben Phasen von Aufschrei, Empörung, Abwendung, Unverständnis oder Trauer. Von Wut auf Gott kann ich nicht sprechen. Vielmehr lebe ich im alter Alter in dem Bewußtsein, daß Gott mir bis heute ein reiches und erfülltes Leben geschenkt hat. Deshalb bin ich ihm stets dankbar im Gebet.

Kann man von Gott nicht enttäuscht sein?

Dies tritt nicht ein, weil sich Gott nicht in menschliche Kategorien fassen läßt. Sein Tun mag man im Augenblick nicht verstehen, so daß man ratlos dasteht. Wer aber auf Gott vertraut, dem wird nach und nach sein Handeln begreifbar.

Was ist für Sie im Leben von Bedeutung?

Betrachte ich unser Alltagsgeschehen, zählt der menschliche Kontakt und die Beziehung zu Gott. Es zählen aber auch im Miteinander und in der Begegnung Ehrlichkeit, Vertrauen und Großzügigkeit sowie die Liebe – all dies ist wichtig.

Fürchten Sie sich vor dem Tod?

Den Tod meiner Frau, meiner Kinder, den fürchte ich. Mit dem Tod der anderen, dem ich im alter Alter des öfteren begegne, muß ich leben, wenn auch schmerzlich. Meinen Tod – den fürchte ich nicht.

Raffael (1483-1520): Madonna mit Kind. Fresko (1495) im Geburtshaus in Urbino

Welch ein jugendliches Werk, das schon das Genie des angehenden Künstlers verrät. Die Madonna, ihr Haupt ein wenig nach vorne gebeugt, mit geöffneten Augen als Ausdruck erhabener Ergriffenheit, hält zärtlich das eingeschlafene Kind in Händen, das in ihrer Umarmung friedvolle Geborgenheit findet. Anmut und Demut strahlt dem Betrachter entgegen. Raffael hat Auge und Gespür für die Reinheit Mariens und die im Kind verborgene göttliche Kraft.

Auffallend ist das feingeschnittene Gesicht der jugendlichen Mutter mit wohl geflochtenem Haar zu einem Knoten aufgesteckt, mit rötlichem Kleid und bräunlich-schwarzem Umhang, der die Sitzposition andeutet. Der gestreute Lichteinfall innerhalb einer halbrunden Rahmenarchitektur unterstreicht die farblich gedämpfte, harmonische Komposition. Mutter und Kind, wachend und schlafend.

Vielleicht diente das Gesicht von Battista Sforza, Frau des Herzogs von Urbino, Federico da Montefeltro, oder ihre von Francesco Laurana um 1472 gefertigte Büste als Modell.

ANM. Il Perugino aus Perugia, um 1450 als Pietro Vannucci dort geboren und 1523 in der Nähe gestorben, hat in den Wintermonaten der Jahre 1481 und 1482 fünf der sechzehn Szenen aus dem Leben Mose und Christus in der Sistina gemalt. Seitdem wurde Perugino bewundert und Raffaels Vater, Giovanni Santi, nannte ihn einen ›göttlich‹ gerühmten Maler. Einer seiner Schüler war Raffael.

ZUM VORIGEN. Maria selbst preist Gott hoch wie in dem von Luther so geschätzten ›Magnificat‹. Auch finden sich Lobpreisungen für Maria im Koran, besonders in den Suren 3 und 19.

Was erwarten Sie am Ende des Lebens?

Nur die Seele als mein Selbst, mein Da-Sein, mein Sein findet Aufnahme und lebt fort. Das ist meine Hoffnung.

Haben die Werke von Ernst Bloch ›Das Prinzip Hoffnung‹ und von Jürgen Moltmann ›Theologie der Hoffnung‹ Sie beeinflußt?

Ja! Hoffnung beschreibe ich als eine Sehnsucht, die einem Beckenboden gleichkommt, auf dem das aus dem Brunnenstock strömende Quellwasser fließt, das uns stärkt. Ein Hoffnungsfaden ist eigentlich schon ein Quell der Freude.

Muß man nicht Angst haben vor dem Jüngsten Gericht?

Das Leben ist ein Geschenk Gottes. Wir leben nicht beliebig, sondern sind verantwortlich für unser Tun. Daher müssen wir darüber – über unser ›Wie-Sein‹ – Rechenschaft ablegen. Es geht um Gerechtigkeit. Ich finde dieses Gericht deshalb so von Bedeutung, weil dadurch eben nicht alles gleichgültig ist, was ich tue oder lasse.

Stellt sich nicht irgendwann im Verlauf des Lebens die Frage: ›Was erwartet den Menschen am Ende seines Lebens?‹ Nah am Ende der Lebensreise?

Die Frage als solche ist sinnvoll. Der Anfang darüber nachzudenken ist nicht schwierig. Denn jeder Anfang beginnt stets mit etwas, das schon vorhanden ist. Es gibt zahlreiche Texte und Überlieferungen, die für diese Thematik von Belang sind. Zweifel mag sich regen. Nur weil Gott nicht sichtbar ist, kann dies nicht als Beweis herangezogen werden, daß er nicht existiert. Im Christentum glaubte der Völkerapostel Paulus an Gott, weil er an Jesus Christus glaubte. Gott hat sich auch durch seinen Sohn offenbart: von der Geburt im Stall über die Anbetung bis hin zum durch Nächstenliebe und Gewaltlosigkeit vorlebenden Gekreuzigten und Auferstandenen – über all dies legen die Evangelien Zeugnis ab.

AM RANDE. Das Leben Jesus von Nazareth ist Gottesgeschichte, die will und kann erzählt, die will und soll mit Bedacht gelesen werden. Kreuz und Auferstehung gehören zusammen. Damit beweist Gott seine Souveränität. Denn er fordert nicht das Blut anderer, sondern opfert sich selbst. Sein Sohn ist es, der die Schuld am Kreuz stellvertretend auf sich nimmt. Darin besteht der wunderbare Samen des Evangeliums.

Mit dem letzten Abendmahl beginnt die Passion am Gründonnerstag. Im Auftrag des Herzogs Ludovico Sforza für das Kloster Santa Maria delle Grazie in Mailand malte Leonardo da Vinci in den Jahren 1494 bis 1498 ›Das letzte Abendmahl‹. Jesus nahm seine Jünger mit und forderte sie auf: »Nehmet und esset alle davon … Nehmet und trinket alle daraus … Tut dies zu meinem Gedächtnis.« Danach wurde er verraten, verhaftet und zu Pontius Pilatus geführt. Schon am nächsten Tag, am Karfreitag, wurde das Urteil gefällt und vollstreckt.

Gilt das ewige Leben auch für Andersgläubige?

Alle Menschen finden Aufnahme und stehen vor dem Letzten Gericht.

Will der Mensch überhaupt das ewige Leben, das doch gar nicht so erstrebenswert ist, weil das jetzige Dasein auf Erden viel prächtiger ist?

Bedenkt man, daß der Alltag voller Mühsal ist, dann setzt der Tod

147

dem ein Ende, was das Leben einstmals verloren hat. Ebenso wäre Unsterblichkeit eine schwere Last, sofern nicht göttliche Gunst mit ihr verbunden ist. Daher ist es nicht sinnvoll, den Tod zu beklagen. Eigentlich ist das Leben wert, gelebt zu werden. Aber es menschelt überall! Der Mensch ist leider aus krummem Holz geschnitzt. Wir können nur versuchen, gutgesinnt zu sein.

Das Reich Gottes, das uns dunkel bleibt, weil wir nicht hineinblicken können, ist ein Geschenk, das wir durch unser Handeln nie erdienen und verdienen können. All unser Mühen ist jedoch nicht gleichgültig für uns zu werten, nicht gleichgültig für den Verlauf der Menschheitsgeschichte und auch nicht gleichgültig vor Gott. Dabei hat der Blick nach vorne eine ungeheure Gestaltungs- und Gegenwartskraft. Der Mensch steht in Verantwortung. Im Bild des Weltgerichts kommen unsere Verantwortung und Gottes Gerechtigkeit anschaulich zum Ausdruck.

Bereits Platon sieht die Seele nackt vor dem Richter stehen, der sie nur danach richtet, was sie in Wahrheit verkörpert. An der Seele erkennt er ihre Verfassung, die durch Selbstüberschätzung, Übermut, Überheblichkeit, Ichbezogenheit oder Rechtschaffenheit, Wahrheit und Liebe geprägt wurde. Es geht um ihr ›Wie‹-Sein. Die Beurteilung und Verurteilung der Seele nach dem Tod findet sich bereits im frühen Judentum.

Das Wesentliche des Menschen, seine Person, sein Selbst, existiert als ›geistige‹ Seele fort, da sie im Gedächtnis Gottes verankert ist. Mithin steht die Seele von Anfang an im Dialog mit Gott.

Am Ende des Weges ist der Übergang ...?

... eine ›Reise ins Licht‹.[34] Nur die Seele tritt die Reise an! Es ist eine ›kurze‹ Zeitreise, um an den Ort zu gelangen, an dem die Zeit aufhört existent zu sein.

Seele

Kleine Seele, kleine Wunderin, kleine Zauberin,
Gast und Gefährtin des Körpers,
Wohin wirst du jetzt reisen? zu Orten,
Die schattig, kalt und düster sind,
Und du wirst nicht wie gewohnt Scherze machen.
Publius Aelius Hadrianus
(76-138 n.Chr.)

Papst Franziskus hat vom ›weiblichen‹ Geschlecht der Seele gesprochen. Die italienische Tageszeitung La Repubblica *vom 16.9.2014 hat seine Gedanken unter dem Titel ›Quando il Papa parla del sesso dell'anima‹ veröffentlicht. Können Sie seinen Ausführungen folgen und letztlich seinem Ergebnis zustimmen?*

Meine schriftliche Erwiderung kam zu dem Fazit, daß die Seele nicht poetisch ›weiblich‹ sei, wie er sich ausdrückte, sondern ihr kein Geschlecht zukäme. Sie ist Gottes Werk. Gott verleiht die Seele dem Menschen im Augenblick der Empfängnis.

Sie schmunzeln. Geht Ihnen noch etwas durch den Sinn?

Die Sprachwissenschaft kann eine Häufigkeit des weiblichen Geschlechts der Seele vorfinden. Im Gedicht »À une passante« von Charles Baudelaire findet das ›Weibliche‹[35] eine ereignishafte, bezaubernde Huldigung, die jedoch ein Phänomen des irdischen Lebens bleibt. Das ›Täglich-Weibliche‹ ist nun einmal voller Charme.
Beleuchten wir die Thematik aus der Sicht der Schöpfungsgeschichte. Gott hat zunächst Adam als sein erstes Geschöpf – männ-

lich – geschaffen, dem er das Gebot auferlegte, den Baum der Erkenntnis zu beherzigen. Von ihm bekam er den Auftrag, allen Tieren und Vögeln einen Namen zu geben. Wie Adam sich auch bemühte, seine Aufgabe zu bewältigen, und sich in seinem Alleinsein häufig in Gedanken verlor, empfand Gott Mitleid mit ihm. Er gab ihm Eva – weiblich – zur Seite. Aus dem ›is‹ entstand ›issa‹. Um die geschlechtliche Balance zu wahren, hat die Seele kein Geschlecht.

ZUM VORIGEN. In welcher Form ist der Körper Spiegel der Seele? Und wie muß der Körper beschaffen sein, damit er so ist? Homer sagt, daß beseelt (*émpsychos*) nichts anderes sei als das elementare be-lebt oder lebendig sein. Platon geht einen Schritt weiter, indem er die Seele als ein unsterbliches Wesen betrachtet, das vom Körper unabhängig ist und von Gott kommt.

Die Seele selbst geht mit der Geburt eines jeden Menschen eine seinem irdischen Zeitverbleib entsprechende Bindung ein, die folglich eine selbständige, göttliche Eigenschaft besitzt und sich ohne irgendeinen äußeren Impuls bewegt. Somit hat sie einen Anfang, aber kein Ende und ist deshalb zeitlos oder ewiglich. Nach Aristoteles hat der Körper eine statische Form, die aber erst durch die Seele das Belebt-Sein erhält.

Demnach kommt der Seele eine Kraftqualität zu und versteht sich in ihrer ›Dynamik‹ als ein Formprinzip, das das Mögliche erst zum Wirklichen bringt, das es zur Vollendung des Da-Seins im Rahmen seiner Fähigkeiten und Möglichkeiten gemäß seinem Umfeld führt.

Wie stellen Sie sich die Reise der Seele ins Licht vor?

Im Moment des Todes transformiert die Seele zur reinen Energie – und nichts als Energie –, zu einem Lichtpunkt, so daß der Verstorbene als ein Selbst weiterhin existiert. Die Seele als sein Ego weilt dann im mystischen Raum bei Gott.

Als Folge tritt eine Kontinuität in der Identität über den Tod hinaus ein. Ob sie eine umrissene Gestalt annimmt, bezweifle ich.

Wie steht es mit dem Tod in der Vorphase des Jüngsten Gerichts?

Nach dem Tod wird die Seele als spezifische Person oder, wie ich meine, als vergeistigte Materie in Form eines Lichtpunktes aufgenommen. Sie steht vor dem vorletzten Gericht und wird nach ihrem Tun auf Erden gerichtet, dem sie sich nicht entziehen kann. Es muß Rechenschaft über ihr ›Wie‹-Sein abgelegt werden, was sich entsprechend im Helligkeitsgrad des Lichtpunkts widerspiegelt.

Sie bleibt somit ihr Selbst und wahrt dadurch Distanz zu Gott. Ohne diesen Abstand gäbe es kein ›Sein der Seele‹, das sich aus irdischer Sicht wie ein Lichtpunkt unterschiedlicher Lichtstärke je nach Beurteilung seines ›Wie‹-Seins aufgrund der göttlichen Seins-Skala präsentiert.

Ende der Christogenese ...?

Mit dem Tag des Jüngsten Gerichts endet die Evolution und die Christogenese geht ihrer Vollendung entgegen.

Ein Rest Menschheit verliert ihre irdische Wohnstätte an diesem Tag und wechselt über in den mystischen Raum ohne Hölle. Es ist immerzu die raumumspannende Liebe Gottes, die alles in allem durchwirkt. Es ist der Beginn der Deogenese als der mystische Raum ohne Hölle. Deus caritas est. Deus Deus est.

Aufnahme in den mystischen Raum ist?

... ein ontologischer Sprung unseres Seins in eine Dimension, die die ganze Vorstellungskraft menschlichen Verständnisses sprengt und das Verstehensvermögen übersteigt.

Mit dem Tod findet die Seele Aufnahme im mystischen Raum. Sie sprechen aber von einem Lichtermeer. Was meinen Sie damit?

Seit Anbeginn der Menschheit tritt mit dem Tod eines jeden Menschen seine Seele ihre Reise ins Lichtermeer an und steht im Glanz Gottes. Am Ende der Zeit wird das Lichtermeer nicht mehr größer, das sich im mystischen Raum befindet. Alle Seelen im Lichtermeer stehen dann im Gegenlicht des einen Gottes versammelt.

Teilhard de Chardin spricht von einem vollkommenen Seinszustand im Punkt Omega. Bleiben Sie bei dieser Sichtweise?

Würde die künftige Welt ent-persönlicht werden, hätte der Mensch als Perspektive nur ein unpersönliches Wissenschaftsideal. Dies wäre ein allzu abstraktes Ziel. Die Menschheit dürfte mehr ein persönliches Ergebnis erreichen wollen.

Nach Teilhard fließen alle Menschheitsperspektiven in einem einzigen Punkt, dem Punkt Omega, zusammen. Diesen versteht er als Einheit in Christus.

Doch es ist nicht nur dies, was Teilhard ins Auge faßt. Es gibt mehr! Ich gehe einen Schritt weiter, indem ich die Ebene der Phänomene in der Welt verlasse und mich dem Tod zuwende.

Wie ist denn der Tod als Ereignis zu verstehen?

Der Tod ist der Moment, in dem der Körper zurückbleibt und die Seele zu vergeistigter Materie wird, vorstellbar in Form eines Lichtquanten, dessen Einführung Einsteins revolutionärster Akt im Rahmen der Universalität der Quantentheorie war. Daher spreche ich vom Lichtpunkt, der Aufnahme findet.

Das zeitliche Leben als Seele geht in den zeitlosen Ur-Grund als mystischen Raum ohne Hölle über, wo uns eine vollkommene Seins-

Ruhe gewährt wird. Diese Seins-Ruhe ist von unserer zuvor irdischen Lebenslust und Sinnenfreude, der ›dionysischen Verzückung‹, grundverschieden.

Wann sprechen wir denn vom ›vollkommensten Seins-Zustand‹?

Vorgericht und Jüngstes Gericht liegen als Geschehnisse bereits in der Hinterhand. Dies führte zur unterschiedlichen Intensität jedes einzelnen Lichtpunktes als Folge des irdischen ›Wie‹-Seins eines jeden Menschen. Letztinstanzlich wird aber die Quantität des Lichts, das wir in der Seele haben, von der Gnade Gottes bestimmt.

Irgendwann im Zeitverlauf bittet Christus als Gottessohn inbrünstig Gottvater, allen Menschen zu vergeben.

Dieser Bitte wird Gott nachkommen, da er sich ihr seiner Allmacht wegen nicht entziehen kann. Seiner unendlichen Liebe und Gnade ist es zu verdanken, daß allen Menschen – besser gesagt: allen Seelen – im mystischen Raum dasselbe Heil zuteil wird. Das heißt, daß die Seelen ein Vollmaß an göttlicher Gnade erreichen und in ihrer Lichtintensität gleichrangig, mithin gleichwertig sind.

Das heißt ...?

... ewige Glückseligkeit oder vollkommenstes Vollkommen-Sein!

Können Sie zum Geschehen im mystischen Raum nach der Vergebung und der Gleichstellung aller Seelen noch etwas hinzufügen?

Ein wundersames Ereignis, das in seiner Gänze die Dreifaltigkeit betrifft, die in die Einfaltigkeit übergeht. Dann hat die Deogenese selbst ihren Höhepunkt erreicht. Die Seelen weilen von nun an bei einem Gott in einem Lichtermeer.

Wie ist das zu verstehen? Wie wollen Sie dies begründen?

Eine Sache läßt sich in ihrer Vollendung nur begreifen, wenn es sich zeigt. Ein Zuwachs an Kenntnis ist nicht zu gewinnen, wenn es keine Evidenz gibt. Bei der Suche nach einer Begründung, unabhängig davon, greift man auf die Bibel zurück und wird im Korinther-Brief fündig.

Mit bloßem Denken allein wäre ich nicht imstande gewesen, den Schlüssel zur Lösung zu finden. Denken und Gebet sind Pfeiler des Erkennens. Andächtig zu Gott. So geschah es, daß etwas, was unvorstellbar oder verschlossen ist, plötzlich auf einmal einleuchtet. Das geschieht selten ohne Inspiration. Gelingt dem Autor der Sprung, stellen sich glückliche Augenblicke ein. Glück hat eben die Seinsweise des Lichtes.

Um Ihre Frage zu beantworten, zitiere ich aus dem Korinther-Brief (1 Kor 15, 27-28). Darin heißt es:»Wenn alles ihm untertan ist, alsdann wird auch der Sohn – Jesus Christus – selbst untertan dem, der ihm alles unterworfen hat, damit Gott alles in allem ist.« Es gibt dannzumal nur einen Gott.

Der Christ des Mittelalters blickte dem Tod mit Angst und Bangen entgegen. Für den Christen jener Zeit war es der ›Dies irae‹, der ›Tag des Zorns‹, der keine Hoffnung und Freude aufkommen läßt. Mildert Ihre Vision der Moderne nicht die Todesängste der Menschen?

Michelangelos nahezu martialische Darstellung des Jüngsten Gerichts mit dem Himmel und der Hölle ist nach meinem Dafürhalten nicht mehr zeitgemäß. Die hier vorgetragene Vision der Aufnahme in den mystischen Raum ohne Hölle ist gegenwartsnäher. Denn diese Vision ist es, die die Angst vor dem Tod mindert. In der Tat, sie lindert eben die Endangst:»Sei ohne Furcht!« Es ist geradezu diese frohe Botschaft, die die Deogenese allen Menschen verheißt.

154

16. Die Vision – im Fokus des Menschen

Die Gemälde in der Sixtinischen Kapelle haben sich der Dunkelheit entzogen. Nach der Restaurierung kamen Farben von leuchtender Intensität zum Vorschein. Eine mit helleren Zwischentönen und sanften Übergängen offenbarende Malkunst Michelangelos. Ein unfaßbarer Nuancenreichtum.

Es offenbart auch, daß bei der Ausmalung der Kapelle das Menschenmögliche abverlangt wurde, wie es das Selbstbildnis Michelangelos auf dem Hautsack verrät, den Bartholomäus in der Hand hält. Es ist das Gesicht eines von einem unfaßlichen Auftrag gezeichneten Menschen.

Für das antike Rom war der Tod keine mit außergewöhnlichem Grauen erfüllte Zäsur. Das ist erst mit dem Christentum so geschehen, das ihn mit dem Jüngsten Gericht und den Bildern der ewigen Verdammnis bereicherte. Fegefeuer, Hölle – beklemmende Bilder voller Grausamkeit, die Ängste schüren. Dantes umfassendes Bild! Die Widerlegung durch diese Vision der Moderne lehrt, daß dem Tod ohne Furcht entgegengesehen werden kann.

Was schenkt die Vision der Moderne der Menschheit?

Die Vision des mystischen Raumes – des Himmels ohne Hölle – hat eine weitgreifende Bedeutung, die alle Menschen über die unterschiedlichen Religionen und religiösen Strömungen hinweg verbindet.

Die Vision versteht sich demnach als eine planetarische Universalie.

Die Vision schenkt dem Menschen Orientierung und beschäftigt sich mit den letzten Dingen des In-der-Welt-Seins.

Die Vision gibt Antwort auf die Frage: Was erwartet den Menschen am Ende seines Lebens? Ich weiß nun, wohin ich gehe!

Die Vision richtet den Blick auf das Ende der Christogenese und den Übergang auf die Deogenese.

Die Vision beschreibt das Geschehen in der Deogenese, wonach die Seelen alle gleichrangig und gleichwertig sind.

Die Vision sieht alle Seelen bei dem einen Gott, dem Barmherzigen, dem Allmächtigen.

Die Vision schenkt Geborgenheit.

Die Vision ist eine Frohbotschaft!

17. Weltgeschehen auf einen Blick

Schöpfung und Evolution nehmen Bezug auf den Kosmos und das Universum. Beide zielen zuallererst auf die gesamte wahrnehmbare Wirklichkeit, wobei der erste Begriff von religiöser, metaphysischer Natur, der letzte von wissenschaftlicher, ontologischer Natur ist.

Der Mensch als ein autonomes, frei handelndes, verantwortliches Selbst steht mit seiner jeweiligen Selbsterfahrung mitten im Alltagsgeschehen. Aus dieser Sicht existieren enorme kulturspezifische Unterschiede in der Welt, die eine Brücke notwendig machen, auf der die Menschen einander in gemeinsamem Denken und Handeln begegnen können. Unfähigkeit zu denken wäre Anlaß zur Klage. Licht. Licht im Gegenlicht. Danach: Ein Lichtermeer von Seelen.[36]

Betrachten wir den Menschen, so bedingen sich Bewußtsein und Freiheit. Durch das Zusammenspiel richten sich zunehmend die Freiheiten trotz aller Widrigkeiten aus und berichtigen sich. Ein Werdensprozeß nahezu ohne Ende! Das läuft auf die Aussage hinaus, daß es der Menschheit nur gelingt sich zu formieren, wenn die Menschen sich gegenseitig respektieren – und dies im Akt ihrer Annäherung. Es ist und bleibt die menschliche Freiheit, die die Zielrichtung der fortschreitenden Evolution steuert.

Übersicht

Da-Sein   ↔   irdisches Leben

=

Diesseits
Erstrebtes Mehrsein
Zeitlichkeit

Tod   ↔   Himmel

=

Jenseits
Beseeltes Wohlsein
Ewigkeit

In der Welt:
Leben   →   Tod   →   Weiterleben

=

Diesseits   →   Aufnahme   →   Jenseits

Ende der Welt:
Christogenese   →   Jüngstes Gericht   →   Deogenese

Anmerkungen

1 van de Sandt, R., Die Skulptur – Sein und Raum – in Brenden im Südschwarzwald. Brenden, 2. Auflage 2011, S. 85-96; vgl. ebenso: Sein
   und Raum (SR). Versuch nach Einstein und Heidegger, Frankfurt am
   Main 2007.

2 Krautheimer, R., Rom – Schicksal einer Stadt 312-1308. München 1987,
   S. 23.
   Unter der zahlreichen Literatur seien weiter genannt:
   Kolb, F., Das Antike Rom – Geschichte und Archäologie. München
   2007.
   Reclams Städteführer – Architektur und Kunst, Rom. Ditzingen 2008.
   Sloterdijk, P. C., Sphären II – Globen –. Frankfurt, 2. Auflage 2001.
   Exkurs 4: Pantheon, Zur Theorie der Kuppel, S. 435-464.

3 Bibby, G., Dilmun. Reinbek 1973, S. 69.

4 Stephenson, D., Die schönsten Kuppeln Europas, fotografiert. München 2012.

5 Schmutzer, E., Fünfdimensionale Physik. Langewiesen 2007, S. 459-
   462, 481-483, 503-506; Schmutzer, E., Grundlagen der Theoretischen
   Physik, Band 1 (3. Auflage) und Band 2 (3. Auflage). Weinheim 2005;
   vgl. ebenso: Fünfdimensionale Physik – Projektive Einheitliche Feldtheorie mit Einbeziehung der Quantentheorie (Mechanik, Astrophysik,
   Kosmologie ohne Urknall, Spinoren). Langewiesen 2009 und 2. überarbeitete und erweiterte Auflage 2015; Schmutzer, E./Gorbatsievich,
   E., Numeric and Graphic Supplement To The Five-Dimensional Pro-
   jective Unified Field Theory. Jena 2016, S. 27-29, 36, 50-51, 89-96.

6 Seit Menschengedenken leben wir von Beobachtungen. Demut befällt
   uns, wenn man die Hintergrundstrahlung aus dem frühen Universum
   erblickt. Wir sollten in jeder Hinsicht bescheiden bleiben. Denn die
   Natur dürfte einfach gebaut sein. Ergebnisse aus dem Sonnensystem
   können wir nicht ohne Weiteres auf Galaxien oder auf die Expansion
   des Universums übertragen. Schon vor hundert Jahren glaubte man,
   alle Rätsel der Physik gelöst zu haben. Dann kam die Relativitätstheorie und die Quantenmechanik. Dunkle Materie, Dunkle Energie und

Stringtheorie sind rein theoretische Annahmen und bis heute unbewiesen. Es bedarf weiterhin fundamentaler Erklärungen (vgl. Unzicker, A., Auf dem Holzweg durchs Universum. Warum sich die Physik verlaufen hat. München 2012).

7 Teilhard de Chardin, P., Die Zukunft des Menschen. Olten 1963, S. 405, 207f.; Delfgaauw, B., Teilhard de Chardin und das Evolutionsproblem. München 1964, S. 113f., 99f.

8 van de Sandt, R., Das Geheimnis des Feldweges – Sein und Raum. Frankfurt am Main 2006.

9 Schulz, W., Philosophie in der veränderten Welt. Stuttgart 2001, S. 630ff., 853-854; Nida-Rümelin, J., Verantwortung. Stuttgart 2011, S. 67ff.

10 Binggeli, B., Primum Mobile – Dantes Jenseitsreise und die moderne Kosmologie. Zürich 2006, S. 383-392.

11 Ebd., S. 412.

12 Gänswein, G., Das lebendige Gesicht vom Erbarmen des Vaters. Vatican Magazin 2-3/2016, S. 22-24. Worte zur Ausstellung einer Kopie des ›Volto Santo‹ – des hl. Schweißtuchs Christi – aus Manoppello in der Kirche Santo Spirito in Sassia am 16.1.2016: »Vor 808 Jahren … ließ Papst Innozenz III. das heilige Bild … zu den kranken Pilgern und den Armen der Stadt hintragen, deren wichtigstes Haus schon damals dieses Ospedale Santo Spirito war… Es ist eine Kopie jenes alten Originals, das seit über vierhundert Jahren in den Abruzzen an der Adria von den Kapuzinern verwahrt wird… Vor Rom wurde das heilige Schweißtuch in Konstantinopel aufbewahrt, davor in Edessa, davor in Jerusalem… Zu diesem Gesicht werden wir uns immer aufmachen müssen. Immer als Pilger… Es ist jene Stunde, in der wir von Angesicht zu Angesicht vor ihm stehen werden.«
Auf seiner Reise steht Dante vor dem Bild Gottes. Verstand und Phantasie erlahmen, während sein Wille der göttlichen Liebe folgt, die »die Sonne und die anderen Sterne bewegt«. So endet die *Göttliche Komödie* (Paradiso, XXXIII. Gesang, V. 144. Verlag Herder Basel, Rom 1989, S. 1130).

13 Gilgamesch, Ein assyrisch-babylonischer Mythos, Nachdruck der Ausgabe: Berlin: Brandussche Verlagsbuchhandlung 1922 – Verlag der Slitese. Marburg 1981 Nr. 260. Das Kapitel ist eine Kurzfassung, Zitate wurden nicht einzeln aufgeführt.

160

14 Bibby, G., Dilmun, ebd., S. 86, 84-90; Volk, K., Erzählungen aus dem Land Sumer, Wiesbaden 2015. Das Land Sumer lag im Süd-Irak. Sumerisch war die Sprache. Gilgamesch und Enkidu treten als das erste Freundespaar der Literatur auf.

15 Wissenschaft und Kultur, Band II, Die Religionen der Erde. Leipzig und Wien 1929, S. 231-263, 136-168, 169-206, 207-219. Weitere Quellen: Nachama, A./Homolka, W./Bonhoff, H. (Hrsg.), Basiswissen Judentum. Freiburg 2015.

Die Bibel. Die Heilige Schrift des Alten und Neuen Bundes. Freiburg 2005; Ratzinger, J. Benedikt XVI., Jesus von Nazareth, Bd. 1 (2007), Band 2 (2011), Band 3 (2012) Freiburg.

Der Koran – Aus dem Arabischen neu übertragen von Hartmut Bobzin unter Mitarbeit von Katharina Bobzin, München 2010.

Dem Kapitel ›Religionen‹ liegen die vorgenannten Quellen zugrunde.

16 Martini, C.M., Eco, U., Woran glaubt, wer nicht glaubt? Wien 1998.

In Zeiten ›säkularisierter‹ Moderne sei Rousseau erwähnt, der Religion als natürliches Verlangen des Menschen in seinem Da-Sein als untilgbares Bedürfnis nach Sinnvollendung bestimmte. Beim Schreiben des Buches stellte sich bei mir die Erinnerung an meine Großmutter ein. »Kind«, sagte sie zu mir, »bring mir Weihwasser aus der Kirche mit, die Flasche ist wieder leer!« Sie versuchte stets, dem »Tatsächlichen eines tatenvollen Lebens« gerecht zu werden. Zu ihrem Alter kam neben ihrer offenen und herzlichen Art eine empathische Hinwendung zum Leben im zeitlosen Licht zum Ausdruck: Was bleibt mir noch zu tun? Vorbildhaft ihr ›Suchbild über Gott‹. Ihr Gottesbild war voller Lebendigkeit! Ihren Wahlspruch: »Jeder muss sich treu bleiben!« habe ich erst viel später verstanden.

Beeindruckt hat mich ganz besonders, wenn meine Großmutter von ihrem Geschäftsalltag sprach oder uns Enkeln aus dem Buch der Heiligen vorlas. Für den hl. Bonaventura war Jesus Christus das letzte Wort Gottes. Mehr als sich selbst kann Gott nicht geben. Mit seinem Sohn beginnt eine neue Ära. Seine Einzigartigkeit sichert auch Neues und Erneuerung in Gegenwart und Zukunft. Ohne die Gnade, sagt Bonaventura, wirst du die mystische Verbundenheit mit Gott nicht erreichen. Sein ganzes Denken ist zutiefst christozentrisch angelegt.

17 Begegnung mit Papst Franziskus im Vatikan am 23.5.2016, Artikel in *L'Osservatore Romano* Nr. 22 vom 3.6.2016, S. 12.

18 Messner, J., Das Naturrecht – Handbuch der Gesellschaftsethik, Staatsethik und Wirtschaftsethik. Innsbruck-Wien-München 1960.

19 Bobbio, N., Vom Alter – De senectute. Berlin 5. Aufl. 2004, S. 26ff.

20 Fischer, H.-P., Der Hirte, Artikel in der *Stuttgarter Zeitung* Nr. 252 v. 31.10.2015, S. 32; vgl. Fricker, U., Hinter den Mauern des Vatikan – Campo Santo, Artikel in *Südkurier* Nr. 77 v. 4.4.2016, S. 2f. »Die Jahre in unserem Campo Santo sind Jahre der Freiheit. Sie können einem geistige Weite schenken«, so Fischer.

21 Meyer, C., Altern und Zeit – Der Einfluß des demografischen Wandels auf Zeitstrukturen. Wiesbaden 2008, S. 86ff., 200ff.

22 Tück, J.-H. (Hrsg.), Erinnerungen an die Zukunft – Das Zweite Vatikanische Konzil. Freiburg 2012.

23 Geinitz, C., Rotes Rentnerheer – Verstädterung und Überalterung treffen Chinas Dörfer mit voller Wucht. Die jungen Leute wandern ab, für die alten sichert die Rente nicht einmal das Existenzminimum. Bis 2050 schrumpft die Zahl der Arbeitsfähigen um mehr als die Bevölkerung Deutschlands. Schuld daran ist auch die Einkindpolitik, Artikel in der *Frankfurter Allgemeinen Zeitung* Nr. 4 v. 5.1.2013, S. 13.

24 Schulte, J., Wittgenstein – Eine Einführung. Stuttgart 1989, S 13.

25 Rilke, R. M., Duineser Elegien. Frankfurt am Main 1985, S. 49-51; Gedanken von Szondi, P., So leben wir und nehmen immer Abschied, S. 69-85.

26 Baudelaire, Ch., Die Blumen des Bösen, München 1979, S. 199.

27 Heine, H., Sämtliche Werke (Elster, E. Hrsg.), Leipzig und Wien 1890, 2. Band, S. 41 Nr. 70. Heine schrieb ein Stück Weltliteratur in deutscher Sprache!

28 Zöllner, F. / Theones, C. / Pöpper, Th. (Hrsg.), Michelangelo – Das vollständige Werk. Köln 2007, S. 254ff. Voss, G., Der Fund im Panzerschrank. Artikel in der *Frankfurter Allgemeinen Zeitung* Nr. 203 v. 31.8.2012, S. 29, 31.

29 Seewald, P., Licht der Welt – Ein Gespräch mit Papst Benedikt XVI. Freiburg 2010, S. 41ff.

30 Ebd., S. 207. Spaemann, R., Über Gott und die Welt – Eine Autobiographie in Ge-

sprächen. Stuttgart 2012, S. 264-265: »... so die Gerechtigkeit, so die Barmherzigkeit. Es sind dies für uns zwei verschiedene Eigenschaften. Ein Mensch kann die eine der beiden besitzen, ohne die andere zu besitzen. In Gott gibt es keine Pluralität von Eigenschaften. Sein Wesen ist einfach. Nur wir sehen das Licht gebrochen in die Regenbogenfarben. Das bedeutet: Gerechtigkeit und Barmherzigkeit sind in Gott nicht zwei verschiedene Eigenschaften. Wir können uns aber die Identität dieser beiden Eigenschaften nicht vorstellen. Wir können sie lediglich denkend postulieren. Was aber bedeutet das konkret? ›Es bedeutet‹, so sagt er (Johannes Paul II.), ›daß Gott am Ende jedem Menschen im Tiefsten seines Wesens gerecht werden wird. Und das ist sowohl seine Gerechtigkeit wie seine Barmherzigkeit.‹«

31 In der Kunsthalle Karlsruhe hängt das wunderschöne Gemälde *Blick auf das Kloster Santa Scolastica* in Subiaco von Carl Blechen (1798-1840), entstanden nach seiner Italienreise 1828/29 im Jahr 1832 mit einer typisch-speziellen Farbigkeit als Tribut an das italienische Licht.

32 Tück, J.-H. (Hrsg.), Was fehlt, wenn Gott fehlt? Freiburg 2013.

33 Leppin, H., Der Dichter hadert mit seinem Gott, Gedichtinterpretation ›Carmen Nisibenum 10‹ von Ephraim der Syrer, Frankfurter Anthologie in *Frankfurter Allgemeine Zeitung* Nr. 158 vom 9.7.2016, S. 20; »Des Heiligen Ephraem des Syrers Carmina Nisibena«. Übersetzt von Edmund Beck (Corpus Scriptorum Christianorum Orientalum 219. Scriptores Syri 93). Peeters Publishers, Leuven 1961.

34 van de Sandt, R., Vision der Moderne: Eine Reise ins Licht. Artikel im *Südkurier* Nr. 134 v. 13.06.2012, Kultur 13.

Einswerden mit dem Licht: Der Osten als Raum der aufgehenden Sonne hat eine symbolische Kraft für das Abendland – Ausrichtung auf das Licht der Sonne, die das Leuchten und Erhellen bringt. Mathias Grunewalds *Isenheimer Altar* zeigt das Haupt des auferstehenden Christus ent-materialisiert. Er läßt es mit dem Sonnenlicht am Ende der Nacht einswerden.

Danken wir Teilhard de Chardin, daß er die Zusammenhänge vom Weltbild her neu gedacht und uns neu zugänglich gemacht hat. Erinnern wir uns an den Fingerzeig Johannes des Täufers, der auf Christus zeigt.

Wir Menschen als das bisherige Maximum an Komplexität (Teilhard de Chardin) leben in Erwartung, das sich als ein Element erweist, das nach einer Ganzheit verlangt, existieren in der Christogenese.

Ratzinger, J., Einführung in das Christentum. München 2006, S. 222ff.; Ratzinger, J., Benedikt XVI., Jesus von Nazareth, Band I (2007), Band II (2011), Band Prolog (2012), Freiburg.

Zum Ende sei erwähnt, daß dieses Buch Gespräche zur Grundlage hat. Angefangen hat es mit einem Interview seitens Guido Horst, des Chefredakteurs von *Vatican Magazin* in Rom (Jg. 4, Heft 2 – Februar 2010) unter dem Titel ›Der Kaufmann von Rom‹. In den Gesprächen kam immer wieder zum Vorschein, daß wir die kulturellen und religiösen Werte weiter zu entwickeln, neue Werte-Prioritäten zu setzen und aus Geschichte und Literatur zu lernen haben. So lassen sich die Gesinnung der Freiheit aufbauen und Verstehensfragen beantworten, die nötig sind, um die Schatten in der Welt aufzuhellen und den Wettlauf gegen die von Menschen selbst geschaffenen Unwirtlichkeiten zu gewinnen. Bei allem Denken gelangt das Denken selbst nie zu einem Abschluß, solange Fragestellungen möglich sind.

35 Baudelaire, Ch., s. 25 ebd., S. 306.

36 Friedrich II. (1194-1250), genannt ›puer Apuliae‹ (Kind aus Apulien) und gefeiert als ›stupor mundi‹ (Staunen der Welt), war zeitlebens von Neugier geprägt. Er holte ständig Auskunft zu Fragen bei den bekanntesten Gelehrten in aller Welt ein: über medizinische, mathematische, astrologische Themen oder über die Unsterblichkeit der Seele, förderte die Aufnahme arabischen Wissens und schrieb ein Buch über die Falknerei. Im Vorwort heißt es dort: Man solle »die Dinge, die sind, so darstellen, wie sie sind«.

Einen Katalog von Fragen schickte er an den namhaften schottischen Philosophen und Astrologen Michael Scotus, unter anderem: »In welchem Himmel Gott seinem Wesen nach ist? Und wie er auf dem Himmelsthrone sitzt, wie er von Engeln und Heiligen umringt ist? ... Ferner sag' uns, wo denn die Hölle sei und das Fegefeuer? Und auch das himmlische Paradies? Unter der Erde, in der Erde oder auf derselben? Und wie verhält es sich damit: daß der Seele eines Menschen, wenn sie in das andere Leben übergeht, weder die größte Liebe einen Grund zur Rückkehr gibt, noch gar der Haß, als wenn gar nichts gewesen wäre? Oder meinst Du, daß sie sich überhaupt nicht mehr um die zurückgelassenen Dinge kümmert, gleichgültig, ob sie nun selig ist oder verdammt?« (Fest, J., Im Gegenlicht – Eine italienische Reise. Reinbek 2006, 2. Auflage, S. 124-125). Daß Friedrich die Verweltlichung der Kirche anprangerte, war bereits die Vorwegnahme der Reformation.

Personenregister

Werke von Richard van de Sandt

Der Unternehmer – England und Deutschland. Scherpe Verlag, Krefeld 1967

Irak – Ein Land im Aufbruch. Krefeld 1977

USA – Eine Reise durch den Westen. Krefeld 1979

Investieren in USA – Ein Leitfaden für Anleger. Bretten 1981

USA – Der Nordwesten – Reisen in Schönheit. Baden-Baden 1986

Der Südschwarzwald und seine benachbarten Landschaften. Anmerkungen eines Reisenden. Konstanz 1991

Begegnung in Brenden. Aufzeichnungen. Frankfurt am Main 2001

Auf der Suche nach dem Glück. Ahrweiler 2003

Das Geheimnis des Feldweges – Sein und Raum. Frankfurt am Main 2006

Sein und Raum. Versuch nach Einstein und Heidegger. Frankfurt am Main 2007

Die Skulptur »Sein und Raum« in Brenden im Südschwarzwald. 2. Auflage 2011, Ikubi Pro-Kulturnetz, Waldshut

Am Ende des Feldweges eine Reise ins Licht. Eine Vision der Moderne. Hanau 2013